LE
PRÊTRE

ET LA

DANSEUSE.

roman de mœurs.

Tome Premier.

Lecointe et Pougin, quai des Augustins ;
Corbet, même quai ;
Lachapelle, rue Saint-Jacques ;
Pigoreau, place Saint-Germain-l'Auxerrois ;
Thoisnier-Desplaces, place de l'Abbaye ;
Masson et Yonnet, rue Hautefeuille ;
Olivier, rue Saint-André-des-Arts.

1833

LE PRETRE

ET LA

DANSEUSE.

IMPRIMERIE DE A. BARBIER.
rue des Marais - Saint - Germain, n. 17.

LE PRÊTRE

ET LA

DANSEUSE.

roman de mœurs.

Tome Premier.

Lecointe et Pougin, quai des Augustins;
Corbet, même quai;
Lachapelle, rue Saint-Jacques;
Pigoreau, place Saint-Germain-l'Auxerrois;
Thoinier-Desplaces, place de l'Abbaye;
Masson et Yonnet, rue Hautefeuille;
Olivier, rue Saint-André-des-Arts.

1833

LE PRÊTRE

ET LA

DANSEUSE.

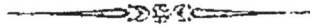

I.

C'était par une belle soirée du printemps, qu'une jeune fille d'une mise simple, coiffée d'un petit bonnet de tulle, cheminait doucement à travers les nombreux promeneurs,

les riches toilettes qui encombraient
le boulevart des Italiens; la jeune
fille était jolie, très jolie et devait le
savoir, puisqu'à chaque pas elle se
l'entendait dire pas les élégans fas-
hionables qu'elle rencontrait sur son
passage. Quelques-uns, afin de le lui
répéter encore, après avoir passé
près d'elle, revenaient sur leurs pas et
marchant aux côtés de la jeune fille,
lui débitaient d'un ton moitié badin,
moitié sentimental les mots galans
qu'inspire un gentil minois; la jolie
fille pressait alors sa marche afin d'é-
chapper aux importuns qui s'atta-
chaient à ses pas et qui, las enfin, de
n'obtenir aucune réponse, pas même
la plus petite attention à leurs personnes, finirent par la quitter et aller à d'autres débiter leurs sots ba-
vardages.

Passant rue de Richelieu, près d'un magasin de nouveautés, le brillant étalage, ces châles, ces dentelles, ces étoffes exposées avec tant d'art, ce véritable aimant pour les femmes de tout âge, attirèrent les regards et sans doute les désirs de la jeune fille, car après avoir lancé un coup d'œil de droit et de gauche afin de s'assurer si ses poursuivans n'étaient plus sur ses traces, elle s'approcha des vitraux; là, ses beaux yeux se promenaient avec complaisance sur les légers thibets, sur les robes, les parures précieuses étalées pour séduire et inviter les amateurs.

— Quels charmans tissus! qu'une femme doit être heureuse lorsqu'elle peut en couvrir ses épaules; que ce canezou est joli! quelle broderie!

ah! l'amour de robe ; puis notre petite faisant en elle-même ces remar-
ques coquettes , exhalait un léger
soupir d'envie et de regret ; après
quelques instans d'admiration , elle
reprend sa marche ; encore un magasin : celui-là fait l'encoignure de la
rue Feydeau et de la place de la
Bourse ; encore une pose, encore des
désirs et des regrets ; mais à quelque
distance, un jeune homme admire ,
regarde aussi ; ses yeux sont fixés
vers la boutique qui captive l'attention de notre jeune personne ; il
s'avance. Va-t-il faire choix d'un
emplète pour offrir à son épouse ? ou
plutôt à sa maîtresse ? Non, il ne regarde point les colifichets qui garnis-
sent les montres, ses yeux viennent
de se fixer sur la jeune fille, il est
près d'elle, tout près, il la touche ;

elle regarde, le voit et s'éloigne aussitôt. Il la suit. Que lui dit-il? comme elle marche vite; que les femmes, les jolies du moins, sont malheureuses; ne pas pouvoir faire un pas dans la rue sans être poursuivies, harcelées. Oui, mais combien il en est qui enragent du contraire?

— Je vous prie, Monsieur, de me laisser en repos; je ne vous connais pas et suis surprise que chaque jour vous vous obstiniez à me poursuivre ainsi.

— Comment, Mademoiselle, mes démarches auraient le malheur de vous déplaire; mais enfin, en quoi sont-elles coupables? me suis-je jamais permis de vous adresser un mot, un geste qui puisse blesser vo-

tre délicatesse? laissez-moi le bonheur de marcher près de vous, de
vous parler, de vous peindre tout ce
que votre charmante personne m'inspire de tendre et d'aimable.

— Vous avez tort, Monsieur, de
persister à vouloir me parler et m'accompagner, car je ne dois et ne veux
répondre à tous vos propos.

— Eh bien, Mademoiselle, si je
suis privé d'entendre désormais votre charmant son de voix, j'aurai au
moins le plaisir de contempler votre
jolie figure.

La jeune fille garda le silence à ces
dernières paroles de son obstiné
poursuivant. Elle demeure bien loin,
car déjà elle a traversé le Palais-

Royal, la rue du Coq ; elle entre dans le Louvre, et tout cet espace vient d'être franchi avec une vitesse incroyable ; aussi comme elle a chaud, comme le rouge lui monte au visage; elle est bien fatiguée puisqu'elle s'arrête et s'appuie un instant sur une colonne. Le jeune homme est toujours près d'elle , il voit ce mouvement de lassitude.

— Pourquoi marcher avec cette rapidité et refuser mon bras ? il me serait si doux de soutenir, de guider vos pas; êtes - vous incommodée , Mademoiselle? permettez que je vous offre des secours.

Pas de réponse. Elle se remet en marche et l'obstiné en fait de même; toujours à ses côtés.

— Est-il possible qu'une si jolie femme, des pieds si délicats soient exposés à de si longues marches ! deux fois par jour, sans doute, Mademoiselle, que des occupations sérieuses vous imposent une si rude tâche ? qu'il serait heureux celui qui, vous entourant des dons de la fortune, pourrait vous éviter tant de fatigues ; celui qui, de votre consentement vous parerait de ces riches ornemens que vous admiriez tout à l'heure, et qui changerait en instans de plaisir ces soirées de fatigues et de peines. Un mot de vous, un seul signe d'adhésion de votre part opérerait ce changement ; avouez qu'il serait préférable à la dure nécessité d'aller chaque jour si loin de votre famille gagner un mince et souvent insuffisant salaire ?

— Votre fatigante persévérance à me suivre, à me tourmenter, à m'humilier par des propositions honteuses, me fait assez connaître, Monsieur, dans quelle classe de femme vous osez me ranger; si vous aviez de moi une bonne opinion, quoique ma conduite ne doive pas me l'avoir déméritée , vous n'oseriez pas, Monsieur, me tenir un pareil langage; de grâce, cessez à l'avenir de me poursuivre comme cela vous arrive depuis quelques soirées, et me quitter à l'instant même; quelqu'un aujourd'hui vient au-devant de moi; je craindrais, en vous voyant, que cette personne ne partageât votre manière de penser à mon égard.

Le jeune homme allait répondre à ces dernières paroles, lorsqu'un gros et court personnage qui le suivait de loin depuis son abord avec la jenne fille , vint le tirer par son habit. Le jeune homme détourna la tête et d'un coup de main assez brusque , débarrassa le pan de son habit de celle du gros monsieur en accompagnant le geste d'un regard d'impatience, puis doublant le pas , regagna aussitôt le terrain que cet incident venait de mettre entre lui et la jeune fille.

Notre jeune homme reprenait son poste , lorsqu'au même moment la jeune fille se mettant à courir, atteint un grand garçon qui marchait devant elle , le prend sans façon par le bras et continue sa marche sans s'informer si derrière elle, son poursuivant est bien ou mal content de la rencontre.

— Que tu as tardé, Edmond, penses-tu, me rejoindre au pont Neuf, lorsque ma route est à moitié faite, tu es bien aimable!

— Ma bonne Léontine ne gronde pas, ce n'est pas ma faute si j'ai tant tardé, mon cœur depuis long-temps volait au-devant de toi, lorsque ma personne était retenue par le devoir auprès du bon monsieur Bonnard; ce soir, comme je partais afin de me rendre rue de Provence où tu travailles, notre vieil ami a ressenti un accès de goutte qui nous a fort inquiétés.

— Tu m'affliges, Edmond; et maintenant ce bon monsieur Bonnard est-il mieux?

— Beaucoup mieux; nous avons été quittes pour la peur, ta sœur Annette et moi, nous nous sommes empressés de lui prodiguer nos soins.

Tout en causant, nos deux jeunes gens avaient passé le quai des Lunettes, celui aux Fleurs, et parvenus rue Saint-Christophe, dans la Cité, ils frappèrent à la porte d'une maison de peu d'apparence, dans laquelle, après avoir lancé un regard autour d'elle, Léontine s'introduisit avec son jeune cavalier.

— Enfin nous voici donc au terme de cette infernale course, quelle horreur de quartier! où sommes-nous? y pensez-vous mon cher Gustave, de poursuivre une petite fille, une grisette jusqu'à un pareil chenil, je suis

en nage , j'étouffe , pas un endroit
présentable pour m'asseoir ! encore
si j'étais intéressé dans l'affaire, je
regretterais moins la fatigue qui m'ac-
cable ; allons avez-vous bientôt fini
de regarder à travers la serrure de
cette porte, croyez-vous que la petite soit restée derrière? partons et
voyons s'il est possible de nous procurer une voiture afin de regagner
notre quartier.

Le jeune homme, loin de répondre
à son interlocuteur qui n'était autre
que le gros personnage qui l'avait
interrompu en route en le tirant
par son habit , gardait le silence et
continuait à faire l'inspection de la
maison en regardant chaque croisée
dans l'espérance sans doute d'aper-
cevoir la jeune fille et de connaitre

l'étage qu'elle habitait; aucune apparition, aucun signe ne vint satisfaire sa curieuse impatience.

— Mon cher, comptez-vous rester en contemplation devant cette masure pendant une éternité? en ce cas, je serais charmé que vous m'en instruisiez alors je vous quitterais à regret mais par nécessité, les jambes m'entrent dans le ventre, l'air infect de cette rue m'asphyxie.

— Il est dit que cette jeune fille me résistera sans cesse, quelle vertu inébranlable! comment, impossible de rien obtenir d'elle; faut-il renoncer à m'en faire écouter ?

—Je vous le conseille sincèrement, mon cher Gustave, tenez, pre-

nez votre parti bravement et partons:
parbleu , une de perdue dix de re-
trouvées; au surplus j'ai fort mauvaise
opinion des gens qui habitent cet
endroit, une rue pareille !

— Et que m'importe la rue , le
quartier, une jolie fille y est une
jolie fille, et je ne dois pas renoncer
à celle-ci : plus elle me tient rigueur,
plus elle pique mon amour-propre ,
plus j'en suis amoureux! il faut absolument que je triomphe d'elle !
Duroseau , mon cher , mon précieux
ami, il faut que vous me serviez, que
vous me rendiez un service éminent,
entrez dans cette maison , et sous
prétexte de demander quelqu'un,
voyez, interrogez la portière, infor-
mez - vous adroitement de la jeune
fille, à quel point elle en est avec

l'homme qui lui donnait le bras, allez, mon ami, je vous attends, ne
ménagez rien, je consens à payer au
poids de l'or les renseignemens que
vous donnera le cerbère de la maison.

— Quelle diable de commission
me donnez-vous là? je suis fort maladroit en fait d'intrigues de ce genre,
il me semble, monsieur Gustave, que
vous feriez beaucoup mieux d'entrer
vous-même, vous serviriez infiniment
mieux votre cause, ensuite je vous
en préviens, je porte malheur dans
toutes les amourettes dont je me
mêle.

— Mon ami, je ne reçois] pas vos
raisons, il faut absolument, si vous
tenez à mon amitié, que vous me ser-

viez en ce moment ; vous êtes mon
confident, ainsi je dois et ne peux
espérer qu'en vous.

— Mais, de grâce, pourquoi tant
d'obstination pour une petite fille à
laquelle sans doute vous destinez le
même sort qu'à toutes celles qui se
laissent prendre dans vos filets, vous
les adorez toutes quinze jours , ensuite vous les plantez là.

Gustave, impatienté des raisonne-
mens de M. Duroseau, l'interrompit
dans son discours, après lui avoir re-
dit sa leçon, il frappa et poussa dans
la maison le gros et court personnage. La porte s'est refermée derrière
lui, Duroseau mécontent s'avance en
tâtant jusqu'au vitrage de la loge, une
voix aigre lui crie trois à quatre fois

Qui est là ? avant d'obtenir réponse de notre homme.

— Qui demandez-vous, Monsieur?

— Madame?

— Qui demandez-vous, vous dis-je? êtes-vous sourd? voilà vingt fois que je vous fais la même demande.

— Mille pardons, je n'avais pas entendu... Je souhaiterais savoir Madame....... voulez-vous bien me permettre d'entrer un instant m'asseoir dans votre loge, je viens de très loin et suis horriblemeut fatigué.

— Mais, Monsieur, il me semble que vous vous délasseriez beaucoup mieux chez les personnes chez lesquelles vous allez, répond la portière d'un ton sec et bourru.

— Vous avez infiniment raison, chère dame, mais pour cela il faudrait que je susse au juste si ces personnes habitent précisément ici et je ne suis entré que pour prendre quelques informations, hors donc, bonne dame, comme je vous crois trop compâtissante pour laisser votre prochain mourir de lassitude à votre porte, veuillez accepter ceci et me permettre de m'asseoir.

A la vue d'une pièce de cinq francs offerte avec tant de grâce, la vieille portière s'attendrit, ouvre la porte en toute hâte et d'un ton tout-à-fait honnête invite Duroseau

à entrer dans sa niche de six pieds
carrés.

— Vous pensez bien, Monsieur,
qu'à neuf heures du soir dans un
quartier aussi désert que le nôtre,
qu'il est très utile de connaître les
gens avant de les introduire chez
soi, justement lorsque vous avez
frappé, j'étais dans une émotion extrême, je lisais un passage du petit
Albert il y était question de corde de
pendu, de chandelle de graisse de
chrétiens, enfin d'une infinité de
choses effrayantes mais utiles à connaître, car enfin ces choses sont pro-
pres en les employant à propos,
pour faire retrouver les objets perdus. Le livre assure même, que pour
découvrir des trésors cachés, l'usage
de ces choses, ainsi qu'une oraison

que voici à la page 46 débitée à voix
basse au moment que minuit sonne , sont des moyens infaillibles
pour s'enrichir promptement. Mais
qu'avez-vous donc, Monsieur?

— Ce n'est rien, ne faites pas attention , seulement une cuisson extrême , provoquée par une marche
forcée; vous dites donc que ce moyen
est infaillible pour découvrir ce que
l'on cherche? en ce cas, il pourrait
bien me servir en ce moment, car je
désirerais découvrir une jeune fille
sur laquelle je voudrais obtenir des
renseignemens, ayant l'intention de
la faire travailler pour moi.

— Si c'est pour la couture , j'ose-
rais demander à Monsieur la préfé-
rence, je travaille en linge d'une

manière fort propre , si Monsieur
veux bien se donner la peine de jeter un coup d'œil sur cette camisolle,
il verra combien je soigne mes pi-
qûres, il faut que ce soit bien pour
que l'on m'en donne si souvent car
cela appartient à la sage-femme du
premier, la créature la plus bégueule,
la plus difficile.

— Ah! vous avez une sage-femme
au premier?

— Oui, Monsieur, de vilaines gens,
des bonapartistes enragés , en arrière
de deux termes, sous prétexte que le
mari, ancien officier sous l'Usurpa-
teur, vient d'être privé de sa pension;
le beau malheur quand des gens
comme cela ne mangeraient pas le
pain d'un gouvernement pieux et lé-

gitime; oh! mon cher Monsieur, dit la
vieille en s'apercevant des horribles
grimaces que Duroseau ne cesse de
faire depuis un instant, il paraît que
vous souffrez de plus en plus?

— Comme un damné ! ma chère
dame, maudite course, chien d'em-
bonpoint, encore, si j'avais de quoi
bassiner l'endroit que je sais bien.

— Parlez Monsieur, voulez-vous
quelque chose?

—De grâce, bonne dame, répond
Duroseau à la vieille en lui donnant
une seconde pièce de cinq francs,
pourriez-vous me procurer de l'eau
et du sel, j'aurais vraiment besoin
de bassiner et de mettre une compresse à certain endroit.

— Ne vous gênez pas, je vais vous donner tout ce qui est nécessaire pour cela, je m'y connais ; lorsque l'on a été trente-deux ans garde malade, on en a vu de toutes les couleurs.

— En ce cas bonne et charitable dame, vous ne vous refuserez donc pas de m'attacher la compresse quoique l'endroit offensé soit..... vous m'entendez bien.

— La chose est très délicate, mais le devoir d'une personne charitable consiste à soulager son prochain, passez derrière mon lit et croyez, Monsieur, que je ne verrai que votre bien dans le service que vous me demandez.

Ce qui fut dit fut fait, et ce qu'il y a de certain, c'est que malgré la faible clarté de la lampe et la charité de la ci-devant garde malade il lui fut impossible de n'appercevoir que l'endroit blessé au milieu de l'énorme circonférence que Duroseau mit à sa disposition.

— Ah! femme secourable, quel éminent service vous venez de me rendre, dit Duroseau à la portière en réparant le désordre de sa culotte, je ne l'oublierai jamais; mais dites-moi, avez-vous beaucoup de locataires dans cette maison?

— Quatre, Monsieur.

— Sont-ce des gens tranquilles?

— Fort tranquilles, comme je vous ai dit, la sage-femme au premier ; au second, une marchande à la toilette, bavarde et méchante ; le troisième et dernier étage, n'est occupé que par des petites gens, un vieux bonhomme, ancien prêtre réformé à cause de ses idées libérales, un de ces prêtres de la révolution, vivant d'une petite pension qu'on a bien voulu accorder par pitié ; malgré sa pauvreté ça fait encore le généreux, ça donne aux pauvres et ça entretient deux petites filles.

— Oh ! c'est abominab'e ; ah ! ça mais c'est donc un gaillard cet homme là ? à son âge, avoir deux maîtresses !

— Je ne dis pas positivement que ce soit ses maîtresses, mais il me semble singulier qu'un ecclésiastique vive en communauté avec deux jeunes femmes?

— Dans la même chambre? demanda Duroseau.

— Oh ! pas précisément ; les jeunes filles ont la leur sur le même carré, mais elles sont sans cesse fourrées dans la sienne, elles le nomment leur tuteur, leur ami, leur père, car enfin il faut bien qu'elles cachent leur jeu, mais c'est égal il y a du tripotage là-dedans.

— Et il n'y a pas d'autres hommes que le vieux prêtre?

— Si, un grand maigre qui se nomme Edmond. Celui-là c'est l'amoureux de la petite Léontine, la plus effrontée des deux sœurs, je ne dirai pas l'aînée ou la jeune, car étant jumelles, j'ignore laquelle des deux est venue la première. Et, comme je vous disais, cet Edmond est un mauvais sujet brouillé avec sa famille pour avoir eu l'impiété de quitter le séminaire de Saint-Sulpice où il faisait ses études pour être prêtre. C'est pour cette Léontine qu'il connaît depuis l'enfance que ce monsieur a quitté un sort honorable pour se livrer à son amour et végéter avec une place de surnuméraire à la poste. Voilà deux ans qu'il occupe un cabinet dans les mansardes de la maison; avec six cents francs d'appointemens, il lui serait difficile d'avoir mieux. C'est dans la gêne et c'est gai, ça rit, ça fait l'amour, quelle misère! Ah! que c'est ennuyeux d'entendre tousser comme cela. Entendez-vous, je crois que c'est à notre porte ; je vous demande si avec un pareil rhume on ne serait pas mieux à onze heures dans son lit qu'à se promener ainsi dans une rue?

En effet, depuis long-tems M. Gustave impatienté de la longue faction que lui faisait faire Duroseau, s'efforçait en toussant de se faire entendre de lui, sans pour cela que l'épais messager se hâtât davantage. Onze heures et demie sonnaient à Notre-Dame, lorsque Duroseau éclairé et conduit par la vieille portière, sortit enfin et rejoignit Gustave qui, s'étant éloigné au bruit de la porte, l'attendait au coin de la rue.

— C'est heureux, vous voilà pourtant, j'avais pris mon parti de coucher à la belle étoile en vous attendant. Vraiment si les renseignemens que vous avez à me donner équivalent à la longueur du tems que vous avez mis à les recueillir, vous devez, mon cher ami, en avoir beaucoup à me conter.

— Mais, pas mal; votre humeur est déplacée en ce moment; croyez-vous qu'il soit si facile de faire parler les gens, de leur inspirer de la confiance lorsqu'ils ne nous ont jamais vus ni connus; mais grâce à mon adresse, je puis dire que maintenant je suis plus connu que vous ne pensez; je sais la maison sur le bout de mon doigt, enfin je viens de recueillir pour dix francs de renseignemens, jugez!

Gustave impatienté interrompt Duroseau pour l'accabler de questions au sujet de la jeune fille ; ce dernier ne consent à rendre compte de sa mission que lorsqu'ils seront en voiture, parce que le sel augmentant ses douleurs lui en cause d'insupportables.

Le hasard les servit. Sur le quai aux Fleurs un fiacre s'offre à eux, ils y montent, et pendant qu'ils roulent vers la Chaussée d'Antin, Duroseau satisfait la curiosité de son jeune compagnon en lui contant tous les détails que lui a donnés la vieille portière.

La voiture a franchi l'espace qui existe entre la Cité et la rue Lepelletier et s'arrête au numéro indiqué

par nos messieurs. Ils descendent.
Gustave ordonne au cocher de l'attendre et suit Duroseau dans son appartement situé au second de la maison à laquelle ils viennent d'arrêter.

Le gros personnage aussitôt entré
se jette snr un canapé, invitant Gustave à en faire autant, puis se débar-
rasse de son habit, de sa cravate
afin de respirer plus librement.

— J'espère, Gustave, que je vous
ai servi on ne peut plus adroitement
dans ce que vous exigiez de mon
amitié, mais à quoi maintenant vont
vous servir ces renseignemens?

— À quoi! et parbleu, à servir
mes vues, à pénétrer près de la petite
inhumaine ou à l'attirer dans quel-

que piége que mon amour lui ten-
dra; ah! mon cher ami, votre tâche
n'est point terminée, il faut encore
que vous me serviez dans un projet
que je viens de concevoir, et duquel
je vous ferai part demain; car je
compte que nous déjeûnerons ensemble. Je viendrai vous prendre et
nous irons après faire une visite à
votre charmante sœur, la belle Délia, la perle des ex-danseuses de notre
grand Opéra.

— Volontiers, je suis à vous et tout
à l'amitié pourvu que vous ne me fas-
siez plus courir tout d'une haleine
du boulevart des Italiens à la vieille
Cité de nos respectables ayeux.

Gustave prit congé de Duroseau et
remontant en fiacre, se fit conduire

rue Saint-Florentin et descendit à la
porte d'un hôtel dans lequel il habitait. Comme il traversait la cour pour
se rendre à son appartement séparé
du grand corps de logis, un domestique l'aborde respectueusement en
le prévenant que monsieur son oncle
désirerait l'entretenir un instant.

A cette nouvelle, une teinte de
mécontentement se répand sur les
traits du jeune homme. Cependant
il se hâte de se rendre à l'invitation
qu'il vient de recevoir.

Après avoir traversé plusieurs pièces richement meublées, il arrive au
cabinet dans lequel se tient M. Darmentier, son oncle, devant lequel
Gustave se présente avec un ton res-
pectueux et soumis.

L'oncle reçoit monsieur son neveu d'un air sévère.

— Approchez, Monsieur, dit-il à notre jeune homme, asseyez-vous et parlons un peu. J'ai lu la lettre que vous m'avez fait remettre par votre valet de chambre et vous avouerai que son contenu m'a fortement indisposé contre vous. Comment, vous me demandez encore de l'argent? lorsqu'il n'y a pas quinze jours que je vous ai remis deux billets de mille francs! Pourriez-vous, Monsieur, me dire à quoi vous employez tant de fonds?

— Mais, mon oncle, j'en serai fort embarrassé, vous devez savoir combien les plaisirs à Paris sont coûteux. Je vous avoue cependant que je n'en use que très peu : quelque fois, un déjeûner d'amis ; une partie de campagne ; quelques spectacles... et tout cela pris de loin en loin suffit pour absorber le revenu que je tiens de votre bienveillance pour moi.

— Il n'est pas possible que vous dépensiez autant, si ces plaisirs n'étaient portés chez vous à l'excès. Gustave, vous ne me dites pas tout : je sais que souvent vous passez les nuits dehors, que vous fréquentez certaines maisons dangereuses pour un jeune homme de votre âge... vous jouez, Gustave ! j'en suis persuadé. Je vous fais une pension de douze mille francs ; votre grade dans la garde comme capitaine vous en rapporte quatre ; vous n'avez aucun frais de maison et de toilette, ayant pris

le parti de payer votre tailleur,
qui se plaignait de votre peu d'e-
xactitude... eh ! bien , avec tout cela,
il faut encore être chaque jour accablé de vos demandes. Prenez y garde, vous lasserez ma patience ; car
enfin, quel avantage retirai-je de mes
bontés pour vous ? de vous avoir
adopté pour mon fils ? Jamais vous
n'êtes près de moi. Si je réclame votre présence un seul instant , c'est
avec dépit, sans grâce que vous daignez me l'accorder.... toujours des
prétextes pour me refuser. Non ,
non, ce n'est pas là ce que j'espérais
lorsque votre père , mon frère, me
pria de le remplacer près de vous....
lui-même, enfin, se plaint de votre
indifférence envers lui; à peine si
vous daignez le visiter: sa vertu , sa
piété vous offusque ; son manque de

fortune vous rend coupable envers lui d'un indigne indifférence.

— Vous m'accusez injustement sous ce rapport, mon oncle, car aujourd'hui j'ai dîné chez lui.

— Vous en revenez donc?

— Non, mon oncle, pas précisément, je l'ai quitté au dessert; il avait nombreuse compagnie, en vérité je crois que toutes les congrégations du noble faubourg St.-Germain s'étaient données rendez-vous chez lui aujourd'hui, et franchement mon oncle, j'aime peu et m'ennuie fort avec ces sortes de gens; fatigué d'entendre leur mystique et dévote conversation j'ai quitté la table et gagné la porte.

— Vous aurez alors indisposé votre père par votre brusque disparution.

— Ma foi, mon oncle, ce fut plus fort que moi, je ne puis souffrir les jésuites, mes oreilles étaient fatiguées d'entendre ces gens parler sans cesse de la grâce divine, du trône et de l'autel. Je n'aime pas la politique des dévôts, cela sent trop l'oppression.

— J'aime à croire que vous ne confondez pas votre père parmi ces sortes de gens; sa piété est douce, sage, modérée, mais laissons cela et revenons à notre premier sujet : voici cinq cents francs que je vous donne, prenez garde à la manière dont vous les dépenserez , car d'ici à l'époque

de votre trimestre, ma bourse vous
sera fermée ; rentrez maintenant et
devenez moins rare pour votre véritable ami, demain je compte sur
vous pour déjeuner avec moi.

— Demain, mon oncle, pardon ;
mais avec la meilleure volonté, ne
comptant pas sur votre invitation,
j'en ai accepté une et ne pourrais y
manquer, c'est chez mon colonel.

— En ce cas, je n'insiste pas ;
lorsque j'occupais ce grade, je tenais
à ce que mes officiers fussent exacts à
leur parole comme à leurs moindres devoirs.

II.

✱✱✱✱✱✱

Dans une chambre, où règne l'extrême propreté, la simplicité la plus
grande, un vieillard d'une soixantaine

d'années, d'une figure respestable , est étendu dans un vaste fauteuil ; une de ses jambes, enveloppée chaudement, repose sur un petit tabouret, près de lui une table chargée de plusieurs tasses et ustensils nécessaires pour le repas du matin ; le vieillard tient un journal, il cesse de le lire pour regarder une jeune fille occupée à la cheminée de préparer le café au lait , une autre du même âge placée près de la fenêtre, chiffonne entre ses doigts un petit bonnet blanc comme la neige auquel elle donne toute son attention.

— Eh bien ! bon ami, vous ne lisez plus votre journal ? dit au vieillard en s'approchant de lui et lui prenant la main dans les siennes, la gentille faiseuse de café.

— J'attends, ma petite Annette, que ton déjeûner me donne des forces et du courage pour parcourir ces longues colonnes, ce matin je me sens un appétit copieux.

— Je suis bien aise, Monsieur, que vous attendiez, cela vous apprendra, de nous envoyer à la messe avant que votre déjeûner soit prêt, aujourd'hui dimanche, nous avions jusqu'à une heure pour nous y rendre, mais prenez patience, tenez, voilà la crême qui monte.

— Est-ce que nous n'attendons pas Edmond? il a promis de venir déjeûner avec nous ce matin.

— C'est un paresseux ton Edmond, il devrait être ici depuis

long-tems ; croit - il que mon vieil
estomac peut attendre ses volontés.
Regarde, ma Léontine, il est en retard d'une grande heure.

— Vous savez bien, mon ami, répond Léontine, que son chef de bureau l'a prié de venir ce matin l'aider
dans la copie d'un ouvrage pressé :
ce pauvre Edmond pouvait-il refuser
son chef , lui , un pauvre surnuméraire , doit-il avoir une volonté?
ensuite , il doit profiter de cette occasion pour demander un peu d'augmentation...

Un coup frappé à la porte y fait
courir Annette, elle ouvre, c'est Edmond. Il entre, la tristesse se peint
sur son visage , les trois amis s'empressent de lui en demander la cause,

Edmond a échoué dans sa demande
il a osé demander à son chef le
salaire que méritait son exactitude,
son travail, le haut bureaucrate,
le gros et inutile salarié s'est offensé
qu'un malheureux, un homme de
rien, ne soit pas heureux et content
de rogner le budjet de six cents
francs par an, et qu'il ose réclamer
davantage pour un travail de douze
heures par jour; le jeune homme a
reçu un refus humiliant, des espérances lointaines, et l'ordre précis,
de ne jamais faire de telle démarche, avec l'avis d'attendre que la
paternité de l'administration des
postes daigne jeter un regard sur lui.

— Allons, calme-toi, mon pauvre
Edmond, prends patience; tôt où
tard on rendra justice à ton mérite,

attends tout de ta bonne conduite,
de ton zèle dans ton emploi.

— Cela vous est facile à dire, Monsieur Bonnard , mais en attendant
mes habits s'usent, mille nécessités
m'assiègent , et sans vous, sans votre
bienfaisance, il y a long temps qu'a-
vec mes trente sous par jour je
n'aurais plus de quoi me vêtir; je suis
las de végéter. Humilié de ne pouvoir, faute de toilette, de quelqu'argent , me présenter dans le monde ;
de m'enterrer tout vivant ; ah! ma
bonne Léontine, quel triste futur tu
as là ! Mon échec d'aujourd'hui recu-
le encore notre mariage ; j'enrage de
voir des gens décorés du titre de chef
dévorer des sommes immenses à se
dandiner, à faire toute la journée les
beaux bras dans leur cabinet, tandis

qu'un malheureux employé tel que moi, accablé d'ouvrage et de fatigue manque de tout et meurt de faim.

— Voilà, mon ami, la justice, le partage des hommes, tu as beau t'emporter, d'autres avant toi en ont dit davantage et n'ont rien changé à la chose. Crois-tu que dans ma cure de village, avec mes huit cents francs, que je n'avais pas plus de peines cent fois qu'un gros chanoine bien indolent? eh! bien mon ami, les malheureux m'assiégeaient, je donnais, il ne me restait rien ; alors, je fi comme toi, je réclamai une légère augmentation ; qu'est-il arrivé? ils m'ont chassé, et les gros chanoines, dans leur douce oisiveté, touchent leurs douze mille francs. Tiens, oublions aujourd'hui toutes nos peines et prenons notre café, nous passerons notre dimanche ensemble, il pleut, ma jambe me fait souffrir. nous ne sortirons pas et ferons la partie.

Edmond, consolé par M. Bonnard, placé à une table entre deux très jolies filles, oublia un instant ses chagrins; souvent ses yeux se fixaient avec bonheur sur Léontine, un mot aimable de sa bouche , une légère prévenance de la jeune fille ramenaient le sourire sur les lèvres du jeune homme. Ce bonheur que l'on est tant embarrassé pour définir, qui n'est pas même ici-bas pour chaque homme, ce bonheur que le guerrier met dans la victoire ; le marchand, dans son profit; l'auteur, dans la renommée ; le petit-maître , dans ses conquêtes; la femme, dans ses infidé-

lités. Chacun le trouve à sa manière,
il est tellement relatif que ce qui fait
le bonheur de l'un fait le malheur de
l'autre. Pourtant Edmond le trouvait
en ce moment près de la femme
qu'il aime et dont il est aimé, qui
ne rougit pas de sa pauvreté et qui
dans le malheur lui tend une main
amicale.

Le repas était terminé. Annette
s'armant d'un panier, se hâta de sortir afin de faire les acquisitions nécessaires pour le dîner, Léontine en-
gagea Edmond à venir sur la terrasse
de sa fenêtre arroser ses fleurs, et le
bon monsieur Bonnard remettant ses
lunettes, se disposa à reprendre la
lecture de son *Constitutionnel*. Le
Constitutionnel dans les mains d'un
prêtre, quel scandale!

— Voyons, Monsieur, plutôt que d'être à me regarder ainsi, occupez-vous donc de nétoyer mes rosiers de ces feuilles mortes, de ces vilaines petites bêtes qui rongent mes beaux boutons.

— Ah ! ma chère Léontine, je n'ai plus de courage à rien, quand je pense combien est loin le jour de notre mariage, je crains tant que mon malheur te fatigue, t'éloigne de moi.

— Taisez-vous, Monsieur, vous êtes un monstre de craindre ces choses-là, me juger capable de ne plus vous aimer parce que vous gagnez peu d'argent, ah ! c'est indigne !

— Léontine, tu m'aimes donc toujours?

— Vraiment, Monsieur, j'en doute en ce moment, allons, travaillez et je verrai après si je dois faire encore quelque chose.

Edmond se mit à l'ouvrage avec tant d'ardeur, mais tant d'ardeur, que les perfides épines ont bientôt ensanglanté ses mains ; mais le beau moyen de sentir son mal, lorsque deux autres petites mains bien grasses bien blanches, voltigeant de rose en rose, si près de lui, qu'il peut les couvrir de baisers sans se déranger le moins du monde.

— Finissez , Monsieur , et voyez combien vous êtes étourdi et maladroit, regardez vos mains, dans quel état elles sont, venez ici que je vous les panse et restez tranquille.

— Que m'importent ces égratignu-
res, ce n'est rien, pour toi à qui je
donnerais ma vie, pour qui je mour-
rais cent fois.

— Monsieur, ce ne serait pas le
moyen de devenir mon mari ; vivez,
vivez, Monsieur, afin que je sois votre
femme.

— Tu le voudras donc toujours,
ma Léontine?

— Toujours, répondit tendrement
la jeune fille en se penchant sur Edmond, celui-ci, au comble de la joie
déroba légèrement un baiser à sa maîtresse.

— Soyez donc sage, Edmond, ou
je retourne près de notre ami me

plaindre de vos libertés ; causons plutôt, voyons, mon ami, quand comptez-vous être augmenté ?

— Hélas ! je l'ignore.

— Dites-moi, vous pourrez un jour devenir chef, avoir aussi de gros appointemens ; alors, mon ami , nous serons heureux, j'aurai un cachemire, n'est-ce pas ? un équipage , c'est si agréable d'avoir une voiture , de ne plus aller à pied.

— Ma chère Léontine, ne portons pas si haut notre ambition ; pense que l'on peut être très heureux sans posséder une voiture, seulement souhaitons assez pour vivre honorablement , sans gêne , à même d'élever nos enfans, si le ciel nous en envoie, de pouvoir leur donner une bonne éducation.

— D'accord, mon ami, dit Léontine en interrompant Edmond, mais cependant lorsqu'on le peut, on fait très bien d'avoir de la toilette , une voiture, cela n'empêche pas le bonheur, au contraire ; pense donc au plaisir que l'on éprouve de briller à Long-champs, au spectacle, dans les promenades.

—Léontine, tu n'y réfléchis pas, tu m'affliges avec cette ambition, peux-tu croire qu'un mince commis tel que moi, parvienne jamais à obtenir un emploi assez éminent pour étaler un pareil luxe , oh ! non, n'y compte pas.

— Et moi, j'y compte beaucoup,
Monsieur, il serait trop cruel de penser que l'on serait toujours pauvre.

Edmond ne répondit plus. Sa tristesse du matin reparut sur son visage, une larme même sortit de ses
yeux et vint tomber sur la main de
Léontine qu'il tenait dans les siennes. La jeune fille s'en apperçoit, sa
figure s'imprime aussitôt d'une teinte
de douleur, puis se penchant vers la
joue d'Edmond, elle y dépose un léger baiser. Le jeune homme, ranimé
par cette tendre caresse, presse la
jeune fille sur son cœur et la punit de
ses folles espérances, de ses vains
projets par quelques petits reproches
et cent baisers.

— Mon ami, dit Léontine, tu me

pardonnes de t'avoir affligé ?

— Oui, lui répond Edmond; puis-je te garder rancune ? va, crois bien, ma douce amie, que ma vie sera consacrée à embellir la tienne, à t'éviter toutes les peines, tous les chagrins possibles. Ah! Léontine, si tu savais ce que je souffre de te voir pour un si faible salaire, aller travailler si loin de ta demeure; si tu avais voulu calmer cette fougue de jeunesse, et profiter de l'instruction que te voulais donner M. Bonnard.... aujourd'hui, tu serais comme Annette... vois, par son talent dans le dessin, elle soutient presque seule, votre bienfaiteur, votre père adoptif, elle répand dans votre maison une douce aisance que tes travaux d'aiguille ne pourrait y procurer.

— Oui, répond Léontine d'un ton timide, j'ai eu tort, mais il est trop tard.

— Non, ma chère amie, si tu le veux, à dix-sept ans, tu peux encore réparer le temps perdu.

Ici un coup de sonnette se fit entendre. Il venait de la porte de M. Bonnard. Léontine courut à la sienne, et vit une femme qui attendait sur le carré que l'on vint lui ouvrir; Léontine s'empressa de l'introduire près du vieux prêtre. La femme de chambre, où du moins telle elle paraissait être, à ce qu'annonçait sa mise et son tablier blanc, demanda une demoiselle lingère, nommée Léontine.

— C'est moi, Mademoiselle, que désirez-vous?

— Madame la baronne Duroseau, ma maîtresse, ayant entendu parler avantageusement de vous et de vos ouvrages, chez Madame Jacob lingère rue de Provence, ayant besoin de faire confectionner le trousseau d'une personne qu'elle marie, désirerait savoir si vous consentiriez à venir travailler chez elle. Madame la baronne est une femme juste et généreuse qui ne tiendrais pas à payer ce que vous exigerez; veuillez, Mademoiselle, me dire si elle peut compter sur vous?

Léontine indique aussitôt M. Bonnard comme celui dont la volonté dirigeait la sienne, et invita la femme de chambre à lui demander son avis.

— Justement, dit le vieux prêtre, tu as terminé hier ton ouvrage chez madame Jacob, tu es libre, ma Léontine, je pense que tu ne peux mieux faire que d'accepter l'offre qu'on te fait, si tu es consentante.

— Pourrait-on savoir, demanda la jeune fille, le quartier qu'habite madame la baronne?

— Rue Lepelletier, répond la femme de chambre.

— C'est bien loin, répond Léontine; n'importe, puisque mon tuteur le permet, je me rendrai aux ordres de votre dame, demain, Mademoiselle, elle peut compter sur moi.

— Demain, reprend M. Bonnard, c'est bientôt, je prierai madame la baronne d'accorder jusqu'à mardi; demain, j'ai besoin de Léontine.

— Madame en sera peut-être contrarié, car l'ouvrage presse ; mais comme elle tient particulièrement à ce que ce soit Mademoiselle qui travaille pour elle, je crois pouvoir prendre sur moi d'accepter pour ce jour, alors nous compterons fermement sur votre parole.

La femme de chambre sortit après avoir reçu l'assurance de la plus grande exactitude. Léontine qui venait de la reconduire jusqu'à l'escalier, rentra avec une mine boudeuse et presque aussi fâchée que celle que faisait en ce moment Edmond.

— Qu'as-tu donc, Léontine ? tu parais mécontente, dit M. Bonnard en s'appercevant de la moue que faisait sa pupille, est-ce de ce que j'ai retardé ton ouvrage ? Cependant, mon enfant, le motif en est sage : je veux demain prendre des informations sur cette dame ; je suis d'avance persuadé que sa maison est honnête, mais la prudence exige avant de t'y envoyer que j'en sois convaincu.

— Oh! mon bon ami, ce n'est pas à cause de ce retard, mais bien de ce qu'il faut encore m'éloigner de vous, aller si loin , et surtout chez des étrangers. Hélas! moi qui comptais sur l'ouvrage que l'on devait me donner ici, ç'eut été si agréable.

— Ma Léontine , ne murmurons jamais lorsque la providence nous envoie l'occasion de gagner honorablement notre vie , heureux encore lorsqu'elle daigne nous accorder cette faveur.

— D'accord , Monsieur, dit Edmond, mais je trouve que pour une jolie fille de dix-sept ans , qu'il est cruel d'avoir tant de fatigue.

— Tu m'affliges, Edmond, et me ferait regretter le tems où l'aisance m'aurait mise à même de dispenser mes chères petites de tant de maux, hélas ! maintenant tu ignores combien je souffre d'être pour elle me charge incommode et inutile.

— Ah! cher ami, s'écrie avec douleur Léontine en courant près du vieillard et le serrant dans ses bras, comment avez - vous pu prononcer de telles paroles : vous, nous être à charge; vous, auquel nous devons tout, même l'existence; ah! mon ami, notre père, pourrons-nous jamais nous acquitter envers vous.

Ici les plus tendres caresses, les plus douces paroles furent prodiguées au vieillard des yeux duquel les larmes d'attendrissement tombèrent en abondance.

— Oui, mon père, j'ai eu tort,

très tort de me plaindre, pardonnez
à votre Léontine.

Un baiser de vieillard rendit le
calme à la jeune fille ; Edmond lui-
même se repentit de ses plaintes, et
tout était oublié lorsque Annette
rentra chargée des provisions du
ménage.

Le reste de la journée s'écoula
avec gaieté, et en ajoutant pour tout
extra un met de plus au seul qui
composait ordinairement le repas de
la famille. Il faut bien fêter le dimanche.

Le lundi matin M. Bonnard se
trouvait mieux que la veille. Sa
jambe ne le faisait pas souffrir; aussi,
était-il de bon matin occupé de pré-

parer sa toilette, à brosser sa re-
dingote afin de se disposer à sortir.
Edmond avait gagné de bon matin
l'administration des postes; Annette
s'occupait de ranger le ménage en
engageant sa sœur, à plusieurs re-
prises, de quitter le lit.

Neuf heures viennent de sonner,
que fait donc Annette? elle prend
un grand carton, l'a remplit de
feuille de papier blanc, de dessin,
elle se munit de crayons, ensuite,
après avoir mis un petit chapeau,
un châle très simple, elle embrasse
sa sœur et promet de rentrer le
plutôt possible. La jolie fille dé-
gringole l'escalier en fredonnant un
air de chansonnette. Annette a dix-
sept ans, elle aima toujours le travail et profita avec fruit des leçons

que lui donna Monsieur Bonnard,
aussi, est-elle une excellente dessi-
natrice et maîtresse en cet art; Annette donne des leçons dans plusieurs pensions de demoiselles, et le
fruit de ses talens soulage et adou-
cit la vieillesse de son père adoptif
en venant de même au-devant des
besoins de sa sœur.

La vertu, dit-on, rend le cœur gai,
personne en ce cas ne devrait l'être
plus qu'Annette, et cependant son
cœur soupire quelquefois, souvent
elle est pensive, rêveuse. Suivons-là
et tâchons par ses actions de découvrir les secrets de son âme. La jeune
maîtresse a déjà parcouru plusieurs
quartiers, elle a donné plusieurs
leçons, et se rend en ce moment
rue de l'Université, entre dans une

maison de riche apparence , où l'on l'acceuille avec amabilité. Des jeunes filles de dix à douze ans s'empressent de préparer leurs crayons et bientôt leurs jolies mains conduites par une plus jolie encore, imprime le papier de leurs faibles essais. Pendant cette leçon , la porte du salon s'ouvre , un élégant et beau jeune homme , entre, s'approche avec respect et les manières les plus polies de notre jeune maîtresse.

Annette en rougissant rend avec timidité le salut qu'elle vient de recevoir de lui, une des élèves vient de faire une faute , il faut la rectifier , pauvre Annette , comme sa main tremble.... qui peut l'agiter ainsi ? à peine si elle peut conduire les crayons; la raison? parce que le

beau jeune homme a les yeux cons-
tamment fixés sur elle ; mais , ces
yeux ne doivent inspirer qu'un sentiment aimable ; leur expression
est si tendre. La leçon est terminée , Annette prend congé de ses
élèves et s'éloigne , mais à peine a-
elle fait quelque pas , qu'un léger
attouchement au bras lui fait tourner
la tête , c'est le beau jeune homme,
Annette en le voyant a rougit, est-ce
de crainte ou de plaisir?

— Annette , dit le jeune homme
en marchant près de la jeune fille ,
est-il possible que depuis deux heure
que je suis près de vous, que vous
ne m'ayez accordé qu'un salut? quoi
pas un mot, pas un sourire de cet
jolie bouche, et cela depuis quinze
jours ; cruelle, si vous saviez tout le

mal que me fait éprouver votre froideur, suis-je donc si coupable de vous aimer, de vous adorer? pourquoi garder un si long ressentiment d'un mot, d'une demande échappée malgré moi, et dans l'excès de mon transport.

Annette leva ses yeux vers son interrogateur, ils expriment le reproche et se baissent aussitôt vers la terre.

— Vous vous plaignez de ma froideur, Monsieur Dermance, hélas! pourquoi ce sentiment n'a-t-il pas toujours existé entre nous, Annette serait plus heureue, et n'aurait pas reçu une offense de vous.

— Une offense, Annette?

-- Oui, Monsieur, votre proposition ne mérite pas un autre nom; moi, devenir votre maitresse, fuir avec vous dans un autre pays, abandonner mon vieux père, ma sœur, et m'offrir en échange de mon déshonneur, quoi? des richesses. Ah! combien en me parlant ainsi vous m'avez méconnu.

— Annette, que ne puis-je vous offrir et ma main et mon nom; je serais glorieux d'un tel bonheur, mais suis-je libre? je puis en contractant une union sans l'aveu de ma famille, m'attirer sa colère? Cette noblesse, ces tiires, desquels on est si fière, elle les croiraient tachés si je contractais en vous épousant ce qu'elle appellerait une mésaillance.

— Voilà bien, Monsieur, les sentimens des nobles, ils rougiraient de
recevoir dans leurs familles, une fille
sans nom, mais ne craindrait pas de
la déshonorer.

— Annette, pensez vous que je
partage de tels préjugés, des sentimens
si viles? ah! pardonnez au seul moyen
que m'inspire mon amour pour votre
possession, Annette! Annette! je
suis si malheureux.

— Séparons-nous, Monsieur, et
cessons de nous voir, à l'avenir. Je
renonce à l'honneur d'instruire mes-
demoiselles Dermance, je dois éviter
tout ce qui me rapprocherait de vous,
celui qui ne peut-être mon époux,
doit perdre tout droit sur mon cœur.

—Moi, renoncer à vous voir, à vous aimer, Annette en aurai-je la force? de grâce, révoquez cette ordre, où je cesserai d'exister.

Annette en ce moment arrivait au lieu auquelle elle se rendait; un adieu, murmuré d'une voix émue, fut la seule réponse qu'obtint d'elle monsieur Dermance, et la jeune fille entrant avec vitesse dans la maison, laissa le jeune homme dans la rue.

III.

******

— Rosalie, quelle heure est-il?

— Huit heures, Madame; je vous
demande pardon d'entrer de si bonne

4

heure, mais hier, vous ne m'avez pas dit ce qu'il fallait faire faire à l'ouvrière, elle vient d'arriver et attend dans l'antichambre les ordres de madame la baronne.

— Comment cette petite est déjà ici, si matin, faites-la entrer, Rosalie, je veux la voir.

Léontine, introduite par la femme de chambre, jusqu'au lit de madame la baronne Duroseau, s'incline avec respect et timidité devant la dame quelle aperçoit à peine tant elle est enfoncée dans l'édredon de son lit somptueux.

— C'est vous, ma chère enfant, dont on m'a parlé? vous travaillez souvent chez madame Jacob ma lingère?

— Oui, Madame.

— Vous demeurez horriblement
loin, ma chère petite et vous félicite
de votre courage, à cette heure déjà
rendu à votre ouvrage, asseyez vous
mon enfant, près de mon lit, et
causons un instant, je me suis cou-
ché au petit jour, j'avais cette nuit
tant de monde chez moi que je suis
abimé de fatigue, j'éprouve une
migraine affreuse, mais asseyez vous
donc ma bonne amie.

Léontine, afin de se rendre à l'invitation réitérée de madame la baronne Duroseau, cherche parmi les
riches fauteuils les moelleux cous-
sins qui meublent l'élégante chambre à coucher, si elle ne rencontrera
pas une modeste chaise, impossi-

ble ! aussi est-elle forcée de se poser avec timidité sur le petit bord d'un des siéges qui se trouvent près du lit.

— Quel âge avez-vous ma petite ?

— Bientôt dix-sept ans ! madame.

— Jolie comme vous êtes, je pense que long-tems vons ne resterez pas demoiselle, aimez-vous quelqu'un ? Léontine intimidée de cette demande imprévue, hésite quelques instans, et répond doucement un nom mal articule.

— Vous m'intéressez, mon enfant, et si votre moral répond à votre physique, je sens que je m'attacherai à vous.

— Madame est trop bonne, et je la prie de croire que je ferai tout pour mériter son estime.

— Dites-moi votre nom?

— Léontine, madame.

— Oh! charmant nom, mais; comment une jolie fille comme vous n'a-t-elle pas choisi un état plus élevé que celui de la couture? les arts par exemple, la peinture?

— Hélas! madame, est-on maître sans fortune de choisir son goût; cependant, si je ne possède pas l'art du dessein, oh! je m'en accuse, mon tuteur a essayé à me le faire connaître, mais, j'étais sans goût, sans application; ma sœur a mieux profité que moi, elle est maintenant une bonne institutrice daus ce genre.

— Vous avez une sœur, est-elle aussi jolie que vous?

— Beaucoup mieux, Madame.

— Cela ne se peut pas mon enfant, et vous êtes orpheline.

— Depuis notre enfance madame; notre mère mourut en nous donnant le jour dans une chaumière, après s'être blessé en s'échappant d'une incendie. Inconnue en ce pays, elle nous laissait par sa mort, sans parens, sans personne au monde qui s'intéressent à nous, une fermière chez laquelle elle avait été recueillie

et chez laquelle nous naquîmes, eut
pitié de notre malheur, nous gardât
et nous éleva pendant un an, mais
la mort nous ravit notre seconde
mère; c'est alors que notre tuteur,
alors curé du village, consultant plus
son humanité que sa fortune, prit
la tâche de nous servir de père et
nous éleva comme ses enfans.

— Voilà un bien brave homme,
ma chère petite, il serait à souhaiter
qu'ils ressemblassent tous à ce digne
homme.

La conversation entre la dame et
l'ouvrière continua encore long-tems;
le ton affable de la petite maîtresse,
femme jolie quoique d'une trentaine
d'années, avait du premier abord
gagné le cœur de Léontine; peu-à-

peu encouragée par les manières libres et aimables de madame Duroseau, la jeune fille se sentit plus à son aise, tout en causant, ses yeux erraient tout autour de la chambre, le luxe qui la décorait, flattait agréablement sa vue et la faisait soupirer, en comparant la richesse du lieu avec sa modeste demeure, hélas! se disait-elle, Edmond pourrait-il jamais avoir d'assez gros appointemens pour me former un si bel ameublement? oh! non, le pauvre garçon est sans protecteur, je crois bien qu'avec lui, il me faudra végéter sans cesse.

Madame Duroseau sonna sa femme de chambre pour son lever. Léontine voulait se retirer dans une autre pièce.

— Restez, chère amie, vous ne
me gênez aucunement, et vous avez
tout le tems de travailler, d'ailleurs
je ne prétends pas vous tenir toute
une éternelle journée à tirer l'aiguille ; ici, vous ne serez utile
que pour m'aider dans quelques
broderies de fantaisie ainsi que dans
ma tapisserie, je veux que vous res-
tiez auprès de moi à me tenir compagnie, je m'ennuie si souvent, ah !
ma bonne amie, la fortune procure
souvent de terrible momens d'in-
somnie.

— Comment, madame, est-il possible que l'on s'ennuye dans de si
beaux appartemens, avec une voiture ; la facilité de se procurer tous
les agrémens possibles.

— A mourir, mon enfant, à mourir.

Léontine ne pouvait croire madame Duroseau, il lui semblait que la faculté de n'avoir qu'à souhaiter pour avoir, devait être le bonheur suprême ; et finit par penser que si la dame éprouvait des ennuis, que c'était parce qu'elle ne savait pas employer son argent.

Midi était sonné, et Léontine n'avait pas encore fait un point ; à table près de la baronne, après avoir partagé un excellent déjeûner, nos deux dames raisonnaient sur la coupe et la forme d'une pélerine, lorsque la porte s'ouvrit pour laisser entrer un gros monsieur qui n'était autre que Duroseau, frère de la baronne, en en-

trant il lance un coup d'œil sur la
jeune fille ; un sourire de satisfaction
vient aussitôr effleurer ses lèvres.

— Bonjour, chère sœur, comment
allez-vous aujourd'hui? Ensuite sans
attendre la réponse de la baronne ,
M. Duroseau s'asseyant près de Léontine, commence à entamer une conversation avec elle. Léontine, étour-
die et intimidée, répondait aux questions multipliées que lui adressait le
gros monsieur avec une espèce de
gêne. La baronne voyant l'embarras
qu'éprouvait sa protégée d'être à toute outrance vantée sur sa beauté, ensuite d'être plainte par Duroseau de
ce qu'elle n'était pas née fille d'un
grand seigneur ou d'un prince, interrompit son frère.

— Avez-vous bientôt fini, Michel ?

— Ah! s'écrie le frère en entendant sa sœur lui donner ce nom, Délia, je vous en prie, ne me nommez jamais ainsi, fi ! donc, quelle horreur de nom! appelez - moi Narcisse, vous savez que je le préfère.

A ces mots, la baronne partit d'un éclat de rire.

— Ma foi, mon ami, lui dit - elle après avoir donné un long cours à son hilarité, vous êtes l'être le plus original du monde, avec votre manie de vouloir renier votre nom, ne vous nommez-vous pas Michel Duroseau?

— D'accord, ma chère, mais ce

nom est si commun que j'ai décidé de l'oublier et d'adopter celui de Narcisse.

— Bientôt vous ne voudrez plus être le fils de votre père, c'est comme moi que vous avez fait baronne, moi, une ex-danseuse du sublime grand Opéra.

Duroseau, à ces mots, à cet aveu indiscret de sa sœur, surtout devant Léontine, devint pourpre et ne put contenir uu vif mouvement d'impatience, la gaieté de l'ex - danseuse reprit de nouveau son cours; Duroseau furieux s'était levé et parcourait la chambre à grands pas, Léontine surprise de ce qu'elle venait d'entendre et de la transformation de la baronne en danseuse, jetait de tems

en tems quelques regards à la déro-
bée sur le frère et la sœur.

— Allons , Mich... Narcisse, ras-
seyez-vous et calmez ce transport furieux ; non, je vous le répète , vous
avez cru m'entourer de plus de con-
sidération en m'ornant d'un titre ,
afin de flatter votre manie , votre
amour-propre , j'ai bien voulu me
prêter à cette plaisanterie, et cependant soyez persuadé, mon frère, que
je préfère mon titre d'artiste, que je
tiens à mon travail, à mon application, plus qu'à celui de baronne qui
n'est dû souvent qu'au hasard de la
naissance, à l'intrigue ou à l'argent.

— Mais, Délia, par pitié, par égard
pour moi conservez-le puisque votre
fortune vous permet d'en soutenir

le rang ; comment voulez-vous que je réussisse dans mes projets ? si d'un but en blanc vous retournez à votre roture.

— Quoi! mon frère, vous persistez donc à ne vouloir vous allier qu'à une femme noble ? vous n'y pensez pas.

— Si ma sœur, j'y pense et beaucoup, mais je serai forcé d'y renoncer, si la noble fille à laquelle je présenterai mon hommage apprend que ma sœur a été ce que vous avez été.

— Qu'est-ce à dire ? croyez-vous que je doive rougir du passé ? non, mon frère, détrompez-vous, je vous le répète, malgré l'héritage que nous a laissé notre oncle, je serais encore

à l'Opéra sans votre sot amour-propre.

— Allons, Délia, ne vous empor-
tez pas, faites quelque chose pour
moi, pour votre meilleur ami, soyez
baronne encore quelque tems.

— Je consens pour vous, quand à
moi cela me déplaît fortement ; ainsi
dépêchez-vous de vous marier.

— J'y travaille chaque jour.

—Cela n'avance pourtant pas vite;
car voilà pour le moins huit ou dix
femmes, je ne sais combien de quartiers de noblesse auxquelles je vous
vois offrir et votre cœur et votre
main.

— Ma chère, c'est moi qui les ai
refusé ayant découvert quelles étaient
de la branche à gauche; mais laissons
venir les choses, de la persévérance
et un jour, le plus beau succès cou-
ronnera mes espérances; en attend-
dant, chère sœur, j'ai ordonné que
l'on mit les chevaux à votre calèche
afin de profiter de cette belle journée en allant faire un tour à la campagne.

— Excellente idée, Narcisse, je
vous en sais gré et veux emmener
avec nous cette belle enfant.

— Ah! Madame, ma mise ne me
permet pas d'accepter votre offre.

— Ne vous inquiétez pas, Léontine, vous êtes de ma taille, j'aurai

bientôt applani cet obstacle ; sonnez ma femme de chambre.

Duroseau est invité à passer dans le salon. Aussitôt, Léontine est déshabillée par Rosalie ; en un instant la modeste robe de toile à fait place à celle de mousseline anglaise ; le petit châle au charmant canezou du plus beau tulle ; le bonnet de la grisette à un charmant chapeau de la saison.

— Quelle est jolie ainsi ! s'écrie Délia en regardant Léontine, Narcisse, venez, venez admirer un chefd'œuvre de la nature.

Le gros garçon à l'appel de sa sœur coupe en deux une pirouette qu'il était en train d'exécuter devant la glace d'un écran et se rend à l'invitation.

— Divine, adorable, à faire tourner toutes les têtes ; cent fois trop jolie ; et si Mademoiselle avait seulement un ou deux quartiers de noblesse avec cette figure et cette tournure, je serais son adorateur le plus dévoué.

— Ah ! la pauvre enfant ; je suis en ce cas charmé de l'obscurité de sa naissance, mais aux yeux de bien d'autres, sa beauté lui servira mieux que de sots parchemins.

Léontine ne se sentait pas de joie, jamais elle ne s'était trouvée dans une situation qui cadrât mieux avec ces goûts de fortune ; combien ne se louait-elle pas en elle-même d'être tombée dans une pareille maison où tout ce qu'elle voyait, entendait et faisait , flattaient sa vanité et ses désirs. Ces dames étaien t parées, lorsqu'un domestique vint annoncer que la voiture les attendaient.

Bientôt le char élégant roule , atteint et franchit les boulevarts, puis les Champs Elysés et entre avec vitesse dans le bois de Boulogne. Pauvre Léontine ! quelle nouvelle chose pour toi qui n'à connue jusqu'à ce jour, encore bien rarement, que le brouatage dur et lourd du triste sapin; en ce moment tu soupires de plaisir, toi, dont la coquetterie vaniteuse ne voit rien au-delà d'un équipage, quelle joie de traverser ces longues avenues ! d'être en ce moment en-

tourée, saluée par cette foule d'élégans caracolant sur leurs coursiers
fringans autour du char qui t'en-
traîne? de voir envier ton sort par
les pauvres piétonnes cheminant à
l'ombre d'uue ombrelle impuissante
contre les feux brûlans de l'astre du
jour.

Hélas! de combien de vertus, de
leçons d'une morale sévère, une
voiture a-t-elle été l'écueil ?

Oui! tout le monde ici bas court,
travaille, intrigue, et tout cela dans
l'espoir de gagner une voiture, on
commence par les fiacre, afin d'essayer la fortune, ensuite il est si doux
d'eélabousser les passans, mais
comme une éclaboussure ne s'oublie jamais, ne se pardonne pas, gare

les représailles, il faut alors se méfier des nouveaux enrichis.

Mais malgré les extrêmes difficultés qui s'opposent sans cesse à parvenir à la fortune, le désir d'aller en équipage est toujours exaucé chez chaque mortel , la dernière course , le dernier voyage ne se fait-il pas en voiture ?

Le char élégant de madame la baronne Duroseau est en ce moment dans les bois de Meudon , il y a cinq heures et demie qu'il roule , et les personnages qu'il transporte se sentant appétit, ordonne au cocher de regagner St-Cloud , l'ordre est exécuté, on descend sur la place, et l'on gagne à pied , la demeure d'un des meilleurs restaurateurs du

parc ; aussitôt assis, Duroseau demande la carte des mets, le maître
de la maison, homme qui s'entend
à son état, et qui de loin a vu descendre Duroseau et les deux dames
de leur équipage, s'empresse lui-
même de venir proposer et vanter
l'excellence de sa cuisine, Duroseau
s'occupe aussitôt de parcourir, en
haussant les épaules, les longues
colonnes du journal culinaire.

—Mon cher, dit-il, en s'adressant
au restaurateur, lequel, en respect
une main sur sa hanche et l'autre
sur son couteau attend les ordres
de ses convives, je vous engage, puisque vous vous dîtes expert dans votre art, à régénérer entièrement le
département de votre cuisine ; voilà
dix ans que je viens ici, et chez

d'autres de vos confrères, toujours vos cartes annoncent les mêmes plats; voici par exemple ici, l'article lapin, du lapin chez vous! un met commun, en gibelotte, en sauté ; pourquoi ne pas le mettre en terrine à l'eau-de-vie, à la mode des anciens?

—Monsieur, répond respectueusement le traiteur, j'ignorais cette manière de l'accomoder, et si monsieur voulais me l'indiquer?

— Volontiers, s'écrie Duroseau, ainsi qu'une quantité d'autres mets que vous ignorez de même, j'en suis certain ; c'est que, voyez vous, je suis gourmet et connaisseur, j'ai étudié Aphtomeleus, qui porta jusqu'à la perfection l'art des sauces et des puddings; ensuite, Agis de Rhodes dans son traité sur l'art d'accommoder et de faire griller le poisson, faisait bouillir une anguille à l'étuvée à un point de perfection digne des dieux.

— Mais, mon frère, il me semble que vous pourriez remettre à un autre jour vos instructions culinaires et nous faire servir.

Duroseau ne répliqua point, dressa le menu, non sans murmurer sur chaque met qu'il trouvait trop bourgeois pour son friand palais, et renvoya le traiteur à ses fourneaux en lui promettant de lui apporter un jour un traité instructif sur la cuisine ancienne, par le grec Arésertratus.

Léontine est placée près de madame Duroseau, qui l'a déjà engagé à se rapprocher plus près de la table et à étendre sa serviette qu'elle tient ployée sur ses genoux. Pauvre Léontine! le grand ton, le luxe est son bonheur, son unique vœux, et pourtant qu'elle est loin d'en posséder les manières, les aisances; à peine ose-t-elle manger; pourquoi? parcequ'elle a entendu dire que dans le grand monde il est de plus mauvai genre de faire honneur à son appétit; elle meurt de soif, heureusement que sa prévenante voisine a soin de lui verser à boire. Ah! grand Dieu! quel contre-tems, Duroseau se lève, comme il devient pourpre et semble tomber dans une agonie qui annoncerait sa prochaine dissolution, il fait de la gorge des efforts épouvantables, le malheureux! une arête de poisson vient de lui bloquer l'œsophage. Les deux dames effrayées appellent du secours ; on accourt, on s'empresse autour de l'infortuné, on lui frappe sur le dos ; peines inutiles, le maître de la maison s'empresse de courir à la cuisine et revient aussitôt armé d'un long porreau qu'il enfonce tout entier dans le gosier de l'étranglé. Le remède est violent, mais il a opéré au mieux, l'arête fatale a dégorgé le passage, Duroseau est sauvée ; et après avoir regardé d'un air un peu égaré autour de lui pour bien s'assurer qu'il existe encore, il se met à table et recommence de plus belle, à fêter la fatale matelotte.

Le danger passé, les deux dames, qui d'abord avaient été fort effrayées, reprirent leur gaité et la joie et les ris se continuèrent jusqu'à la fin du dîner.

On prit le café sur la terrasse du parc ; l'heure du soir s'avançait, il fallut se remettre en route. A cet effet on regagna la voiture et les vigoureux coursiers reprirent le chemin de la capitale.

— Si nous allions aux Français, Délia, qu'en dites-vous ? ce serait, je pense, un plaisir de plus que vous procureriez à votre jeune protégée ? dit Duroseau, en fixant Léontine.

A cette proposition, le cœur de la jeune fille a bondit de joie ; aller au spectacle ! aux Français surtout! elle, qui ne connait que les théâtres de la banlieue; mais non, elle n'ira pas, la raison le commande, on serait trop inquiet chez elle de son absence, et madame Duroseau vient d'en faire l'observation; demain, par exemple, Léontine en demandera la permission à son tuteur et l'avertira qu'elle ne rentrera qu'à onze heures ou minuit, que madame la baronne la reconduira dans son équipage.

Oui, mais M. Bonnard consentira-t-il a confier sa pupile à des étrangers? Léontine tremble de la crainte du contraire.

Il est huit heures et demie lorsque la voiture arrive rue Lepelletier; un gare, gare donc, prononcé avec

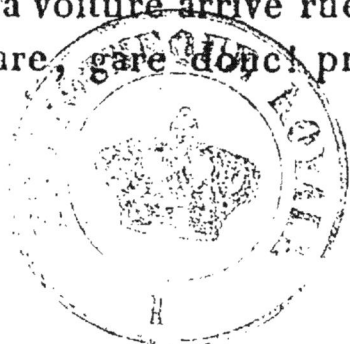

force par le cocher, attire l'attention
de Léontine; c'est à un homme planté
avec immobilité dans l'encoignure de
la porte cochère auquel s'adresse
cet avertissement; le personnage ef-
frayé, afin d'éviter les chevaux, se
range avec vitesse, et dans sa pré-
cipitation, laisse tomber son chapeau
de dessus sa tête; le malheureux im-
perméable va rouler sous les pieds
des chevaux, qui en font à l'instant
un claque des mieux conditionnés.
Léontine, malgré la brune a reconnue
Edmond; c'est lui qui vient de fail-
lir être renversé, lui qui vient attendre celle qu'il aime, et qui est loin
de se douter quelle est une des deux
élégantes assises dans la calèche de
laquelle il vient de se garer : sa
maîtresse, en passant devant lui, a
baissé la tête. Pourquoi? appréhen-

drait-elle qu'il la vit, est-ce crainte de
l'humilier ? est-ce déjà fierté de la
part de la petite ouvrière ?

Léontine demande à madame la
baronne la permission de reprendre
ses habits et de se retirer. Duroseau
offre aussitôt de reconduire la jeune
fille en voiture, Léontine contrariée
d'un offre qui la flatterait dans un
autre moment, s'empresse de le re-
mercier et insiste pour obtenir de s'en
retourner seule.

— A demain donc, ma chère petite,
lui dit Délia ; surtout ne manquez pas
de prévenir chez vous que je vous
conduis au spectacle, j'en fais ce soir
le sacrifice, mais demain je veux fermement vous procurer ce plaisir.

Léontine est libre et rejoint Edmond qui l'attendait cette fois en
se promenant devant l'Opéra, s'oc-
cupant à redresser son chapeau que
les chevaux ont horriblement mutilé;
ses yeux contemplaient avec tristesse ce dégât si difficile et si couteux
à réparer dans sa toilette, lorsque
Léontine vin tle prendre par le bras.

— C'est toi, ma bonne amie, que
tu as tardé à descendre ; vois, j'ai
failli être renversé par une voiture
en t'attendant à la porte de la maison où tu travailles.

—Tu n'as pas eu de mal, Edmond?

— Non, pas moi, mais mon chapeau a payé pour deux, regarde dans
quel état il est?

— Ah! mon ami, il n'est plus mé-
table, dit la jeune fille après l'avoir
examiné, il te faudra absolument le
remplacer au plus vite, car la coif-
fure et la chaussure, sont tout chez
un homme.

— Tu en parles à ton aise : nous
sommes au milieu du mois, crois-tu
donc qu'avec mes cinquante francs
que je touche le premier, qu'au 15
je sois encore en fond; il n'y a pas
à dire, je suis forcé maintenant d'attendre le mois prochain, oh! les gens
qui remplissaient ce bel équipage sont
loin de penser le tort qu'il me font
aujourd'hui.

Léontine ne répondit pas, et poussa seulement un soupir en comparant silencieusement la pauvreté et

l'économie forcé de son amant, avec la riche profusion qui s'était déployé à ses yeux dans le courant de cette journée.

Rentrée chez elle, Léontine questionnée sur sa nouvelle condition, en fit un récit merveilleux, sans cependant détailler la manière dont elle avait employé son tems; pourquoi ce silence sur cet article? Léontine craindrait-elle d'alarmer son tuteur sur les goûts mondains quelle ne peut manquer d'acquérir pour son malheur en partageant des plaisirs trop élevés pour sa position, aussi, son instinct féminin lui inspire-t-il de garder la-dessus le silence.

— Qu'as-tu donc, ma bonne Annette, tu parais pensive? demanda-t-elle à sa sœur, dont les yeux étaient tristement fixés sur un seul point.

Annette regarde, un sourire forcé parut sur ses lèvres, le mot rien, doucement prononcé, fut la seule réponse qu'obtint Léontine.

— En effet, dit M. Bonnard, j'ai remarqué que tu est sombre et pensive depuis ton retour de tantôt ; parle, Annette, ma chère fille, qu'as-tu ? confie à tes meilleurs amis ce qui peu te causer du chagrin ?

— Annette qui était assise près du vieux prêtre, pencha sa tête sur lui et cacha dans le sein du vieillard les pleurs qui malgré elle s'échappaient de ses yeux.

IV.

******

— Comment, de si bonne heure
me rendre visite, mon cher Duroseau,
mais c'est charmant.

— Lorsqu'il sagit de servir l'amitié, personne au monde, capitaine Gustave, n'est plus alerte que votre serviteur. Ah ça, j'espère que vous êtes content de moi? voilà votre petite fille installée chez ma sœur. Délia n'a aucun doute que ce soit par mon entremise que Léontine, car tel est son nom, est placée chez elle. Madame Jacob est une femme précieuse qui nous a servie à choix pour faire tomber la jeune beauté dans nos filets; cependant, Gustave, je vous avouerai que j'éprouve quelques remords de cette action et ne sais trop quel nom je dois donner à l'emploi que je viens de jouer pour vous.

— Celui de l'obligeant, mon cher Duroseau, répond Gustave d'un sourire moqueur, et dites-moi, comment se trouve la chère enfant chez votre sœur?

— Parbleu, elle doit être ravie d'une telle condition; Délia en est entichée, lui trouve les manières distinguées, un ton exquis qu'on ne rencontre pas ordinairement dans les gens de la classe ouvrière, et veut en faire sa protégée et son amie; savez-vous que si elle se doutait de nos intentions elle me ferait un mauvais parti et se brouillerait avec moi.

— De grâce, Duroseau, point de regret, point de crainte en servant l'amour d'un ami; j'aime cette petite plus que je n'ai jamais aimé. Je ne veux pas son malheur, mes inten-

tions sont honnêtes : ce que je veux,
c'est de lui faire un sort plus heureux que celui dont elle jouit en ce
moment ; lui faire agréer mon amour
et obtenir le sien ; j'espère, mon
ami, qu'après de tels aveux, que votre conscience doit-être parfaitement
rassurée? je ne crois pas qu'en tra-
vaillant à faire le bonheur de deux
personnes, que vous soyez jamais
taxé de culpabilité.

— Allons, vous me rassurez, Gustave, car je n'étais pas tranquille ;
mais, du moment que vous l'aimez,
qu'elle vous aimera, que vous lui
ferez un sort convenable, ma conscience est en repos. Parlons actuellement d'une autre affaire qui m'intéresse particulièrement; et la personne en question? cette marquise,

veuve et riche, lui avez-vous parlez
de moi? et quand me présenterez-
vous ?

— Ah! cette marquise, mon cher
Duroseau, il faut ne plus y penser;
hier, j'ai appris qu'un officier de dra-
gons nous avait devancé; il épouse la
dame dans quelques jours.

— Diable! diable! s'écria Duroseau, pourquoi aussi, moi qui vous
sers si bien et si vite, avez-vous traî-
né cette affaire depuis six mois?

— Pardonnez-moi, mais vous savez combien depuis quelque tems
mon service m'a occupé, de plus,
elle était à sa campagne. Mais con-
solez-vous, je connais une infinité
de femmes nobles et riches, nous

ne manquerons pas de trouver votre
affaire. Ah! j'y pense, vous ne tenez
pas à la première jeunesse, répon-
dez, aimez-vous la campagne?

— Je le crois bien, j'en suis fou,
je me pâme de plaisir devant un brin
d'herbe.

— A merveille, alors une baronne
vivant dans un vieux, mais beau et
bon château; ayant des fermes, des
champs, des prairies, des bois bien
fourrés, bien épais, cela ferait-il votre affaire?

— Cent fois, cent fois de trop,
s'écria Duroseau avec transport; pourquoi ne m'avez-vous pas parlé plutôt
d'un tel trésor?

— Parce que j'ignorais si vous consentiriez à vivre à la campagne, et que notre baronne veut un époux qui partage ses goûts champêtres.

— Jamais, mon cher Gustave, il n'aura existé plus grande simpathie entre deux époux, qu'entre votre baronne et moi; quel jour me faites vous entrer en connaissance?

— Cela dépendra de vous; servez mon amour pour Léontine, et le jour que sa jolie bouche me dira je t'aime, sera le signal de votre liaison avec la baronne.

— Alors, Gustave, je me dévoue à votre cause, mais croyez-vous qu'avec mes quarante ans et mes vingt-cinq mille livres de rente,

que je convienne à cette femme cé-
leste, car voilà tout ce que je puis
lui offrir avec un nom roturier.

— C'est beaucoup trop , mon
cher, surtout avec votre esprit , vos
qualités ; ensuite nous aurons soin
d'ajouter l'article au nom, si nous le
jugeons convenable.

— Sûrement , je me ferai nom-
mer de Duroseville ; ou bien mieux
monsieur de la Duroserie, qu'en dites-vous ?

— Superbe, ce nom sonne à merveille ; mais convenons maintenant
de ce que je vais faire auprès de
Léontine ; vous m'avez dit que Délia
la mène ce soir à l'Opéra où aux Français ; appuyé pour l'Opéra, je me

rendrai dans la loge de ces dames, et pendant le ballet, je pourrai facilement entretenir Léontine; mais avant, j'irai dans la journée rendre une visite à votre sœur, c'est à vous Duroseau à me ménager quelques instans de tête à tête avec la jolie fille, et cela, sans que Délia| puisse le remarquer..... vous ne m'écoutez pas, à quoi pensez vous donc?

— Si, mon ami, pardon, c'est que j'avais l'esprit occupé de ma baronne, du bonheur de la vie champêtre que je coulerai auprès d'elle; dites-moi, je vous en prie, ensuite je serai tout à vous, en quel lieu de délices habite cette femme fortunée?

— Son château et ses terres sont situés à un quart de lieue de Rozoy

en Brie ; près la campagne de mon
oncle.

—.Qu'est-ce que cela, Rozoy en
Brie?

— Une petite ville à treize lieues
de Paris, sur une route communale,
à quatre lieues de Coulommiers. Rozoy
est un endroit presque ignoré, mal
bâti , peuplé d'habitans curieux ,
bavards, comme dans toute les pro-
vinces ; la ville compte quinze cents
âmes, sur lesquelles on en trouve
une demi - douzaine de franches et
amicales; les environs sont délicieux,
surtout l'endroit où se trouve situé
votre futur domaine ; êtes-vous content ? actuellement, écoutez-moi pour
ce qui m'intéresse.

Gustave répétait ses intentions à Duroseau , lorsqu'un domestique vint le prévenir que son père venait d'arriver , et qu'il l'attendait chez M. Darmentier. Gustave forcé d'aller saluer son père , congédia Duroseau , après quelques instans , le jeune homme se rendit chez son oncle, mais avant d'entrer, eut soin d se composer un air grave et soumi. Les deux frères causaient ensemble et interrompirent leur conversation à son arrivée.

— Votre excellent oncle , mon respectable et bien aimé frère , se plaint de vous, mon fils , de votre abandon envers sa sage personne , du peu d'amitié dont vous payez ses bontés , ses soins; ah! mon fils , seriez-vous un ingrat? le Ciel me pré-

serve de trouver ce vice affreux
dans mon enfant. Gustave, un oncle tel que le votre mérite toute votre amitié, votre confiance, et c'est
avec douleur, que j'entends sa bouche se plaindre du contraire; mon
fils, prenez garde de vous écarter
du sentier de la vertu en dédaignant
la société, les conseils de votre second père.

— J'avoue, mon père, que j'ai
quelques torts envers mon oncle,
mais il ne doit pas espérer trouver
dans un capitaine de la garde, la sa-
gesse et la soumission d'une demoiselle.

— Non, mais néanmoins, dit avec
mécontentement M. Darmentier, je
voudrais trouver en lui la reconnais-

sance, la politesse et les égards, qualités que n'exclut pas l'état du soldat.

— Votre oncle parle en homme sage, et je vous conseille, Gustave, de regagner par une conduite exemplaire, ce que jusqu'ici vous avez perdu de sa précieuse bienveillance ; suivez ses avis, les miens et le Ciel vous récompensera.

— Laissons ce sujet, mon frère, et parlons à votre fils du motif qui me procure votre visite d'aujourd'hui.

— J'y consens, mon frère; mon fils vous avez vingt-cinq ans, un état honorable, vous devez profiter de ces avantages pour vous établir; une

famille pieuse, riche, bien vu à la
cour de notre saint monarque, consent à vous donner une de ses filles
pour épouse, votre excellent oncle
approuve ce mariage, le désire même,
et son inépuisable générosité pour
vous, supplée à ma très modique for-
fortune en vous dotant richement.
Voyez, Gustave, combien vous devez
à ce vertueux ami et faites-nous
connaître vos intentions à cet égard.

— Je ne puis mieux prouver mon
respect et ma soumission à mon oncle qu'en approuvant toutes ses volontés.

— Vous consentez à vous marier ?
demanda M. Darmentier à son neveu.

— De tout mon cœur, mon oncle;

cependant, comme de cet acte dé-
pend le bonheur ou le malheur de
la vie, je vous demanderai au moins
de connaître la personne que vous
me destinez avant de prendre un
engagement plus formel.

— C'est juste, mon neveu, et votre demande vous sera accordée dès
demain; votre père viendra vous
chercher pour vous présenter chez
madame Dermance.

— Pardon, mon frère, l'heure me
presse, je vais avoir le chagrin de
vous quitter; comme membre d'un
conseil de bienfaisance, cette charge
réclame ma présence : nous devons
aujourd'hui discuter un surcroit de
secours; vous sentez que les pauvres m'appellent à leur aide et qu'un

bon chrétien doit toujours être prêt
à repondre à la voix du malheureux.

— J'admire votre piété , mon
frère, et vous laisse libre d'en suivr
le généreux élan.

M. Jules Darmentier quitta son
frère, prit le chemin qui conduit au
faubourg Saint - Germain. En passant devant Saint-Roch, le pieux personnage entra dans l'église ; elle
était déserte. Il y fit quelques tours
et s'apprêtait à sortir du saint lieu ,
lorsque plusieurs personnes de dis-
tinction y entrèrent; M. Jules Darmentier s'approche alors des marches
du chœur, se prosterne avec humilité sur la pierre et reste ainsi quelques instans; il se relève, sa bouche
balbutie encore sa dévote prière en

T. I.   6 *

s'éloignant. Il passe près des personnes qu'il avait apperçu ; le hasard veut qu'elles soient de ses connaissances ; au moins elles sont témoins combien est religieux l'ami qu'elles saluent en ce moment.

Notre dévot entre aux Tuileries. C'est l'heure de la messe à la chapelle du château, il s'y rend ; devant lui les portes s'ouvrent sans billets, sans information. Humiliez - vous, profanes, qui n'entrez dans ce sanctuaire que poussé par votre coupable et impie curiosité, afin de satisfaire votre orgueil en partageant le lieu, l'air que votre roi habite et respire ; pour épier d'un œil avide et scrutateur les actions, les moindres gestes de la personne royale, et sans doute censurer une majesté.

Voyez plutôt Monsieur Jules Darmentier.... loin d'admirer ces riches galons, cette fripperie dorée, voyez-le près de l'autel, les genoux à terre, ses yeux tantôt baissés avec humilité, tantôt levés vers le ciel avec l'expression de la plus grande ferveur. En ce moment il est tout à Dieu, il oublie même qu'un des maîtres de la terre, qu'un monarque et sa cour contemplent en ce moment sa piété. Le roi en voyant ce digne homme pense peut-être à signer après la messe sa nomination de préfet : il est souvent utile de rappeler aux rois, par notre présence, les promesses qu'ils nous ont fait en faveur de notre sainte dévotion ; mais M. Jules Darmentier ne souhaite à l'autel que l'attention du roi des rois.

La messe est dite.

Apparemment que notre saint a ses entrées partout, car le voilà mêlé parmi les seigneurs, les courtisans qui composent la suite des princes. Il cause avec les uns, avec les autres; les salue tous par leur nom, titres et qualités. Il perce, il se faufile à travers la foule, il est en tête, près d'un des princes... quel honneur! il en obtient un signe de tête, uu sourire, un mot; quel effet magique a sur lui produit cette faveur! un instant avant sa taille était si petite qu'il semblait ramper parmi les courtisans, maintenant il paraît un géant.

Les princes sont rentrés, la foule des flatteurs quitte le masque de l'af-

fabilité pour celui de l'insolence et
du protectorat. Chaque seigneur retourne à son poste , sans doute faire
jouer à d'autres le rôle qu'ils viennent de remplir, c'est-à-dire, celui de
médiocre et rampant.

M. Jules Darmentier a quitté le
château, son air exprime un espèce
de satisfaction personnelle , il parle
seul, se caresse le menton; au pont
Royal un mendiant , qui sans doute
le reconnaît pour l'ami des malheureux, s'approche et lui demande l'au-
mône.

Il faut que ce pauvre s'y soit pris
d'une manière incivile , car le membre du comité de bienfaisance est

sourd à sa demande et lance sur lui un regard de mépris.

Arrivé rue de l'Université, M. Jules Darmentier monte et se présente chez madame Dermance. Cette dame est seule dans son appartement dans lequel on introduit le visiteur.

— Bonjour, belle et respectable dame, comment se trouve votre précieuse santé ?

— Bien, très bien, asseyez-vous donc, monsieur Jules ; je suis ravie de votre visite.

—Mille fois trop bonne, Madame, j'arrive du château où j'ai eu l'honneur de causer avec monseigneur ; enfin, je suis maintenant certain que ma nomination sera prête dans peu.

Ce bon prince , c'est à lui que je dois
cette faveur honorable.

—Dites aussi à votre mérite, Mon
sieur.

— Madame est trop prévenue en
faveur d'un pêcheur tel que moi.

— Et monsieur votre frère , sa
santé?

— Excellente, Madame, je sors de
ehez lui; nous nous sommes long-
tems entretenu sur le mariage de
mademoiselle votre fille avec mon
fils; mon frère se trouve honoré ,
Madame , de votre alliance et verra
avec la plus vive srtisfaction hâter
l'instant de cet union. Il donne à
Gustave cinq cents mille francs de

dot et l'avantage de toute sa fortune
après lui.

— Monsieur Darmentier, reprend
madame Dermance, agit noblement
envers son neveu; mais, M. Gustave
serait moins fortuné qu'il serait toujours le gendre de mon souhait; je
tiens plus, Monsieur, à ce que mes
enfans entrent dans de nobles et an-
ciennes familles qu'à l'énormité de la
fortune.

— Et monsieur votre fils, Madame, ne pensez-vous pas à l'établir ?

— Hélas! reprend la dame, ne
m'en parlez pas; cet enfant me donne
une vive inquiétude, je crains pour
sa santé. Depuis quelques jours il est
d'une tristesse affreuse, sans que je

puisse en deviner la cause. Je désirerais le marier : voilà vingt partis
excellens que je lui propose en vain;
cependant je prétends qu'il se décide
pour le dernier; mon fils ne pourra
réellement refuser, il est trop avan-
tageux sous tous les rapports : on lui
offre la fille unique du feue duc de
Vermandois; elle est jeune, belle et
possédera une fortune considérable;
aidez-moi auprès de lui pour obtenir
son consentement, je serais si heureuse de voir mes deux aînés établis
honorablement.

— La religion, Madame, me fait
un devoir de seconder les vœux d'une
mère aussi tendre que vous; comp-
tez sur mon zèle. Espérons que le
Ciel donnera à mes paroles; l'élo-
quence, la persuasion nécessaire

pour rendre un fils docile aux vo
lontés de sa mère.

— Je compte infiniment, Monsieur, sur votre bon secours; quant à
vous, heureux père, votre fils n'a
sans doute d'autres volontés que
les vôtres ?

— Dieu, Madame, daigne m'accorder cette grâce infinie ; mon
fils , mon Gustave , est le mo-
dèle des hommes ; tout à l'heure
encore, son oncle, mon bien aimé
frère , se louait de ses vertus, de ses
soins, de ses égards, enfin madame,
de sa vertu exemplaire. Ah! ce n'est
pas parce qu'il est mon fils , ni pour
séduire votre cœur , mais, heureuse
mille fois, celle qui possédera un
époux tel que lui.

Madame Dermance au comble
du bonheur d'entendre le père de
son futur gendre en faire un si véridique éloge, l'assura dans son ra-
vissement, qu'elle voulait ajouter,
encore une forte somme à ce qu'elle
avait l'intention de donner à sa
fille.

Monsieur Jules ayant pris congé
de la dame, regagna sa demeure en
se félicitant du succès heureux dont
sa matinée venait d'être couronnée;
en rentrant chez lui il trouva un homme noir un espèce de Bazile à joues
creuses, au teint pâle et livide, qui
attendait depuis long-tems.

— Comment déjà ici, lui dit avec
humeur M. Jules Darmentier, vous

êtes Ignace Phliton, plus âpre de connaître mes affaires que moi-même, je ne le suis. Ignace Phliton ne parut nullement déconcerté de cette apostrophe, et ne daigna pas même se lever du siége sur lequel il était étendu à l'arrivée du maître de la maison.

— Votre reproche, répond-il, me surprend ; avez-vous oublié que mon intérêt est lié au vôtre, que vos espérances, vos succès sont les miens?

— Quoi! reprend avec colère Jules Darmentier, aurez-vous toujours la prétention de m'accabler de demandes, n'êtes-vous pas assez payé des services que vous pouvez m'avoir rendus, par ce que j'ai fait pour vous jusqu'à ce jour?

— Non , pas encore ; de pareils services sont sans prix, et j'exige qu'à votre nomination de préfet, qu'au mariage de votre fils, vous me donniez la somme dont je vous ai parlé ainsi qu'un emploi qui me sorte de la foule dans laquelle je vis ignoré ; sans cela je romps avec vous, je démasque votre hypocrisie et publie votre crime ; je me perdrai, je le sais, mais vous tomberez avec moi.

— Scélérat ! dit avec fureur Jules Darmentier en lançant à Ignace un regard foudroyant , tu oublies donc que sans moi, tu serais la proie de la misère, que c'est moi qui t'ai procuré la place que tu occupes , que tu ne vis que de mes bienfaits.

— Vos bienfaits, répond Ignace ,

est-ce à votre générosité que je les dois? non , vous ne pouvez me le persuader, dites plutôt à la crainte ; vous savez qu'un mot de moi vous anéantirait; que ce frère envers lequel vous êtes si coupables, vous repousserait loin de lui, s'il savait que vous lui avez ravi son épouse, ses enfans, ce qu'il avait de plus cher, afin de lui faire adopter votre fils et qu'il soit son héritier.

— Ah! silence !.... silence , malheureux, quelqu'un pourrait entendre.... Eh bien! oui, tu auras ce que tu demandes , un emploi, de l'or , s'écrie avec effroi et tout tremblant , le membre du comité de bienfaisance.

—Alors, je me tairai, en attendant 'effectif de vos promesses, avancez

moi cent louis, j'en ai besoin en ce
moment.

Jules Darmentier se hâte de satisfaire Ignace et de le congédier. A
peine est-il seul, qu'il exhale sa colère contre celui qui vient de le me-
nacer avec tant d'effronterie.

— Oui, oui, se dit-il en parcourant
la chambre à grands pas, compte sur
ma promesse; ah! maître fourbe, tu
crois que je ne saurai point m'affranchir de ta domination, détrompe-toi,
hélas! pourquoi les lettres de cachet
sont-elles abolies, aujourd'hui je pou-
rais t'assurer un sort sous de bons
verroux, mais j'espère bien que d'une
manière ou d'une autre, que je saurai y parvenir.

En ce moment on vint avertir M.
Jules Darmentier que le grand conseil des congréganistes était réuni à
saint Thomas d'Acquin , et qu'il était
invité de la part du Supérieur de
vouloir bien s'y rendre afin de l'éclai-
rer de ses pieuses lumières.

V.

✶✶✶✶✶✶

Ce soir-là l'immense salle du grand
Opéra était comble de monde , curieux d'assister à une nouvelle et brillante représentation. Les loges garnies

d'une foule de femmes étincelantes
de pierreries ; une d'elles était occupée par madame la baronne Duroseau, monsieur son frère et par la
jolie Léontine ; les deux dames oc-
cupaient les places de devant, et par
leur riche et élégante toilette attiraient
les regards des nombreux spectateurs.

Que Léontine est charmante ainsi
parée ! Que ces diamans, cette coif-
fure lui sied bien ! Qui donc reconnaî-
trait dans cette belle et magnifique
parure, la petite ouvrière de la Cité.

Ah! madame la baronne que faites-
vous? Pourquoi détruisez-vous l'heureuse simplicité d'une jeune fille ;
pourquoi lui faire essayer les jouis-
sances, le luxe de la fortune? Impru-
dente! vous la perdez sans réfléchir

que vous lui donnez les goûts du
monde, que demain elle rougira de
reprendre ses travaux, sa simplicité ;
vous lui faites rêver l'opulence, la parure et la dissipation : quel réveil !
qu'il sera pénible pour elle ! Heureuse si sa vertu ne cherche pas à le
prolonger aux dépens de son honneur.

La porte de la loge s'ouvre et M.
Gustave entre en saluant ces dames,
le jeune homme se place derrière Léontine il n'est plus pour elle cet obstiné poursuivant elle l'a vue dans la
journée chez Délia, il est ami de la
maison, de la femme qui la traite
comme son égal, il n'est donc plus à
ses yeux un étranger, d'ailleurs, reconnue de lui, elle a reçu ses excuses
sur sa conduite passée, ensuite il est

si gai, si aimable, si galant que Léontine lui a pardonné et commence à
concevoir pour lui un peu d'estime et
d'amitié.

Le spectacle est commencé. Que
Léontine doit être ravie, heureuse,
que sa vue, ses oreilles, ses sens enfin
sont agréablement flattés en ce moment, quel musique! quel luxe! quel
pompe! que le grandiose qui se dé-
ploie à sa vue est pour elle chose
nouvelle.

Voilà l'entracte. Gustave lui parle,
elle écoute, répond, écoute encore,
baisse les yeux; avec timidité cependant elle sourit. Comme la figure du
jeune homme est gracieuse, persua-
sive, comme il peint avec feu ce

qu'il éprouve et que sans doute, il exprime à Léontine.

Madame la baronne cause en ce moment avec son frère, elle se trouve incommodée et demande à sortir un instant. Léontine veut la suivre, mais le spectacle recommence, Délia ne veut pas l'en priver et lui conseille de rester en l'assurant qu'elle revient à l'instant. Léontine est seule avec Gustave ; le jeune homme s'est placé près d'elle et continue de l'entretenir ; en l'écoutant, ses joues se colorent du plus vif incarnat, elle tressaille en sentant la main du jeune homme s'emparer de la sienne et la presser avec tendresse.

Délia revient et réclame sa place

que Gustave s'empresse de lui resti-
tuer.

Il était onze heures et le ballet
n'était qu'à moitié, Léontine malgré
le charme nouveau qui l'entourait
et le plaisir qu'il produisait sur elle;
ne pouvait s'empêcher d'éprouver
certaine inquiétude où plutôt quelques remords. Léontine n'avait point
parlé de spectacle chez elle, et sous
prétexte de veiller pour son ouvrage,
elle avait prévenu son tuteur ainsi
qu'Annette de son absence du soir;
mais Edmond avait parlé de venir
l'attendre afin de la ramener, Léontine n'avait osée l'en détourner dans
la peur d'éveiller des soupçons, hors
Léontine avait trompé ses meilleurs
amis, elle avait menti pour la première fois et sa conscience le lui repro-
au milieu des plaisirs.

Le spectacle fini, Gustave, propose d'aller prendre des glaces sur les boulevarts afin de respirer un instant le frais avant de se séparer.

Léontine aurait préféré rentrer de suite, reprendre ses vêtemens pour retourner chez elle, et malgré cela n'osait résister à une proposition qui semblait flatter Délia.

Le trajet du théâtre aux boulevarts était si court qu'on le fît à pied ; Léontine avait accepté le bras de Gustave et marchait avec lui devant Duroseau et la baronne, lorsque la jeune fille ayant tourné la tête pour répondre à une demande de Délia, se jeta dans un homme qui venait devant elle et qu'elle reconnut

T. I.   7

aussitôt pour Edmond ; Léontine effrayée de sa rencontre cacha vivement sa figure dans son mouchoir et chercha à doubler le pas afin d'éviter d'être vu de son amant.

Edmond ne sé pressait pas de la poursuivre ; il avait cependant vu l'élégante et jolie femme qui venait de se jeter dans lui ; ses traits étaient bien ceux de Léontine, la ressemblance était même frapante ; mais pouvait-il croire que ce fut-elle, une femme si richement mise ; et sa Léontine est si simple ; ensuite elle travaille en ce moment puisqu'elle n'est pas passé, depuis deux heures qu'il attend ; cette belle dame ainsi que son cavalier sortent du spectacle qui vient de finir. Pourtant Edmond a senti battre son cœur, il regarde encore de loin celle

dont les traits viennent de lui offrir
l'image de sa maîtresse; non, ce n'est
point elle, certainement non, à ce que
pense le jeune homme, cependant
quoiquelle ait disparue à sa vue
il se décide, sans savoir pourquoi et
presque malgré lui, à courir sur les
traces de la jeune dame, mais il est
trop tard il ne la retrouve plus; Edmond retourne rue Lepelletier réso-
lut d'attendre Léontine qui ne peut
tarder d'arriver; une demi-heure s'é-
coule, personne. Est-il possible, à
minuit qu'elle n'ait pas quitté son
ouvrage, oh! si elle sera passé pendant
qu'il courait après l'autre. Edmond,
après cette pensée, se désespère de
sa maladresse d'avoir quitté son poste
quelques minutes; s'il pouvait la rat-
traper. Pauvre petite! seule dans la
rue, à cette heure, à cette pensée

notre jeune amoureux prenant ses jambes à son cou, se mit à courir sur les traces de sa belle.

Au retour à l'hôtel, Délia avait de suite donné l'ordre d'atteler ses chevaux. Léontine changea de toilette en un instant : Gustave offrit de l'accompagner, mais madame la baronne n'y consentit qu'à condition que son frère serait en troisième. Gustave souscrivit avec une feinte joie à admettre le tiers que Délia lui proposait, et bientôt la voiture les emporta tous trois.

A peine roulaient-ils, que déjà Duroseau ronflait dans un coin. Gustave craignait peu sa présence, mais à cause de Léontine, il fut enchanté du sommeil qui s'était emparé du gros

garçon : alors , profitant de cet heureux moment , il peignit à Léontine
l'amour qu'il épouvait pour elle, mais
avec douceur , ménagement et choi-
sissant les expressions les plus pures,
les plus tendres , afin de ne point
alarmer ni offenser la jeune fille.
Gustave s'était emparée de sa main,
la pressait avec ivresse, sans qu'elle
cherchât à la retirer ; notre jeune
homme fit sonner son titre de
garçon. Un garçon doit se marier un
jour, Léontine était fille : mais soyons
véridique , il faut rendre justice à
Gustave , s'il parlait de sa liberté,
il ne prononça pas le mot mariage.

Ils sont rue Saint-Christophe. La
voiture arrête à quelque distance de

la maison, car il ne faut pas éveiller la médisance endormie.

— Adieu, à demain : que la nuit va me sembler longue.

Et la porte se referme sur Gustave après ces mots prononcés à voix basse.

Léontine a monté l'escalier avec rapidité, sans entendre les murmures de la vieille portière qui jure de ce que des petites gens se permettent de rentrer si tard et de troubler son sommeil.

La jeune fille est sur son carré.... le cœur lui bat... si son tuteur allait la gronder? elle regarde par le trou de la serrure du vieux prêtre, oh!

bonheur, pas de lumière, il dort
sans doute? elle retourne à la porte
de la chambre de sa sœur et la
sienne, elle sent la clef sur la serrure, ouvre et referme la porte sur
elle avec précipitatien. Annette dort,
mais elle n'est pas couchée; assise
près d'une table, le sommeil l'a surprise en attendant sa sœur; ses doigts
tiennent encore le crayon dont elle
se servait pour calmer l'ennui de
l'attente : sur la table sont plusieurs
feuilles dessinées sur lesquelles Annette s'est amusé à répéter la même
tête, celle d'un beau jeune homme;
sur le plus avancé des portraits,
Léontine croit reconnaître comme
des larmes qui l'auraient arrosée; oh!
non, cela ne peut-être, pourquoi
Annette pleurerait-elle ? Léontine
ne lui en connaît pas de sujet.

La jeune fille craint de réveiller sa sœur, et pourtant il le faut, mais que va-t-elle lui dire? la montre est à la cheminée et marque une heure passée, Léontine conçoit une idée, prend la montre et met l'aiguille à moins de minuit, la replace et remue Annette afin de l'éveiller.

— C'est toi, Léontine, comme tu rentres tard.

— Ce n'est pas ma faute, Annette j'étais pressée de terminer une robe de bal qu'il fallait pour cette nuit même.

— Je pense bien, ma bonne amie, que ce n'est pas de ton gré que tu veilles jusqu'à cette heure, mais un autre fois, il faut refuser, vois-tu, car

cela donne de l'ennui, de l'inquiétude à notre père. J'espère qu'Edmond t'a ramenée?

— Non, ma sœur, ne le trouvant
pas à m'attendre, j'ai prié quelqu'un
de la maison de vouloir bien m'accompagner.

— Qui donc, Léontine?

— Un domestique, répond en
hésitant la coupable.

— Quelle heure est-il donc? demande Annette à sa sœur occupé
à mettre ses papillotes devant le
miroir de la cheminée.

— Minuit.

— Je croyais qu'il était plus tard, reprend Annette, je me suis endormie en dessinant.

— Oui, et une bien belle tête, un beau jeune homme.

— Ah! tu trouves?

— Oui, superbe! le connais-tu?

Annette en soupirant prononça le mot : un peu; la conversation se termina et les deux sœurs s'étant mises au lit éteignirent la lumière et se livrèrent chacune de leur côté, en attendant le sommeil, à leurs diverses réflexions.

Celles d'Annette devaient être pour Dermance; hélas il est si cruel de penser que l'honneur nous fait un devoir de fuir ce qui ferait le bonheur, le charme de notre vie, telles étaient où devaient être les pensées de la jeune fille.

Mais Léontine aime aussi son Edmond, elle ne lui a pas parlé depuis la veille ; pense-t-elle à ce pauvre jeune homme ? non , elle repasse dans sa tête tout ce qui lui est arrivé depuis deux jours; à ce Gustave si honnête, si galant, si riche , mais Edmond a aussi ces qualités, à ça près de la dernière, si utile , si préférable aux yeux de la jeune ambitieuse. Edmond, pauvre Edmond! pourra-tu jamais devenir aussi fortuné. Là dessus Léontine s'endormit.

— Qui est là ? s'écrie Annette le

matin, réveillée par quelqu'un, qui frappe à la porte de la chambre.

— C'est moi, Annette, dit Edmond, vous n'êtes pas encore levée?

— Y pensez vous? il n'est que cinq heures et demie.

— Pardon, ma bonne Annette, de vous réveiller si matin, mais je suis si tourmenté, si inquiet de n'avoir point vu Léontine hier soir; dites-moi donc, à quelle heure elle est rentrée?

— Fort tard, mon ami; la chère petite a travaillée jusqu'à minuit, elle dort encore profondément, voulez-vous que je la réveille?

— Hélas! répond Edmond, j'aurais grande envie de la voir avant de partir à mon bureau, mais je crains de la contrarier en troublant son sommeil. Ici, Léontine fut réveillée par la voix d'Edmond, et lui cria d'attendre un instant qu'elle allait se lever, Edmond resta sur le carré jusqu'à ce que les deux jeunes filles fussent levées et qu'elles ouvrissent leur porte.

— Bonjour, Edmond, comme tu es matinal ce matin, mon ami?

— Chère Léontine, mon inquiétude de ne pas t'avoir trouvé hier, m'a empêchée de fermer l'œil de la nuit; est-ce que tu dois ainsi veiller long-tems?

— Je ne crois pas, mon ami, et pense ce soir rentrer de bonne heure.

— Ah! tant mieux, j'irai au devant de toi, dit Edmond.

Léontine garda un instant le silence avant de répondre.

— Non, répond-elle, ne viens pas, si par hasard j'étais, contre mon attente, forcée de veiller, je ne voudrais pas que tu fisses une course vaine.

— Oh! n'importe, Léontine, le bonheur de te voir un instant plutôt que celui de ton retour ici, me dédommagera mille fois, quand même je devrais t'attendre jusqu'à minuit.

— Mon ami je ne voudrais pas te donner cette peine ; si je reste tard , un domestique m'accompagnera.

— Il paraît, Léontine , que vous préférez le bras d'un étranger au mien.

— Méchant ! pourriez - vous le pensez ?

— Alors , Léontine ne me prive pas , de ce plaisir.

Au même moment, la voix de M. Bonnard se fit entendre sur le carré ; Léontine en profita pour éviter de répondre à Edmond , et s'empressa de courir chez son tuteur.

— Léontine, dit à la jeune fille le vieux prêtre d'un ton un peu sévère, vous êtes rentré hier à une heure bien avancée?

— A minuit, répondit Léontine en hésitant.

— Vous vous trompez, ma fille, il était une heure du matin ; je vous ai entendu ouvrir votre porte : veuillez me dire pour quelle raison, et comment il se fait que dans une maison qu'on m'a assuré être honnête, on y commette l'imprudence de vous retenir loin de chez vous à une heure indue?

—Léontine, à cettedemande ne put arrêter le rouge qui lui monta au visa-

ge, debout, devant son tuteur; les
yeux baissés, et d'une voix timide,
elle accusa son travail de l'avoir
retenu si long-tems.

— J'aime à croire que ma fille
chérie ne souillerait pas sa bouche
d'un mensonge, j'ajoute foi à son
excuse, mais Léontine, je préfère
que tu renonces à l'ouvrage que veux
bien te confier madame la baronne,
s'il faut que tu sois exposé souvent
à de si longues absences, promets-
moi, mon enfant, de ne plus nous in-
quiéter, ta sœur et moi.

Léontine confuse de la confiance
qu'ajoutait M. Bonnard à ses paroles, sentit le remord se glisser dans
son cœur et jura en elle-même d'être
digne à l'avenir, de la mériter. En-

suite se retournant vers Edmond qui l'avait suivi chez son tuteur , elle l'angagea de venir le soir la chercher à la brune.

Quelques heures plus tard , la jeune fille travaillait assise près de madame la baronne, dans un délicieux boudoir, et écoutait en silence la lecture d'un roman nouveau , lorsque Délia impatientée de l'ennui que lui faisait éprouver l'ouvrage, jete le volume sur la table en promettant de ne pas le continuer. Léontine qui éprouvait infiniment d'intérêt pour le héros et l'héroïne, cherchait à faire revenir la baronne sur sa décision.

— Quoi, Madame, vous ne continuez pas?

— Non, ma chère petite, je m'en garderai bien; ce roman m'assomme il me donne des spasmes, l'ennui qu'il me procure me porte sur les nerfs.

— J'en suis désespérée, j'éprouvais tant de plaisir à cette lecture, surtout madame, que c'est le premier ouvrage de ce genre que j'entend, mon tuteur ne nous ayant jamais permis de lire des romans.

— Tous les romans ne sont pas dangereux, ma chère amie, mais il en est qu'une personne sage et prudente ne doit pas confier à des jeunes personnes; et tout bien considéré comme un ecclésiastique ne lit pas de ces sortes de livres et qu'il eut été embarrassé du choix, je trouve qu'il a fort bien fait de vous les défendre. Si je vous laissais écouter celui-ci, c'est que j'étais certaine qu'il n'y avait aucun danger, je ne voudrais pas mériter un reproche de votre tuteur.

— Ah! madame, vous parlez de reproche, si vous saviez combien notre ami m'en a fait, sur mon absence d'hier.

— Pourquoi donc, Léontine; n'étiez-vous pas avec moi ? est-ce un mal que de vous mener au spectacle; de plus, mon frère vous a accompagné, jusque chez vous, si je pensais indisposer votre famille, je me garderais bien de vous retenir une autre fois.

— Indisposer, oh! non madame, c'est moi qui ai eu tort d'avoir caché que je passais avec vous ma soirée au spectacle ; mon tuteur a trouvé extraordinaire que mon travail me retint si tard.

— Et votre tort a retombé sur moi; ah! Léontine, gardez-vous de cacher vos actions à votre tuteur ; si vous manquez de confiance, comment voulez-vous que cette homme vertueux vous garantisse des mauvaises actions que vous pourriez commettre sans vous en douter , il n'aurait pu vous blâmer d'aller à la comédie, puisque lui-même, mettant de côté un sot préjugé , vous y a conduit plusieurs fois avec votre sœur. Promettez-moi, Léontine; de ne plus cacher vos actions : malgré que je vous croye incapable d'en commettre de dangereuses; d'ailleurs, je veux rendre une visite à M. Bonnard, à votre sœur, d'après le récit que vous m'avez fait d'eux, je suis curieuse de les connaître. Qu'ils viennent ici, on ne peut que gagner en fréquentant les honnêtes gens; je désire depuis long-tems rencontrer une personne sage de laquelle les avis me soient utiles. J'ai près de trente ans, mon enfant, et pourtant, j'ai encore besoin d'un mentor, moi dont la jeunesse fut sans guide, abandonnée à mes volontés, livrée au tumulte du monde et ayant à combatre sans cesse contre les attaques et les vices d'une foule de gens auxquels le préjugé, malheureusement attaché à l'état que j'avais embras-

sé, semblait enhardir à me persé-
cuter.

— Quoi, madame , étiez - vous
comme nous orpheline dès l'enfance?

— Oui, Léontine, et plus que vous
privé, mon frère et moi, d'amis, de
protecteur ; je veux, puisqu'aucune
visite ne vient nous troubler, vous
raconter mon aventurière existence ;
écoutez - moi et vous apprendrez,
Léontine, qu'une femme, n'importe
dans quelle situation elle se trouve , dans quelque état qu'elle embrasse, peut toujours, quand elle le
veut, être fidèle à la vertu.

VI.

******

Nous naquîmes, mon frère et moi, de parens peu fortunés; notre père exerçait l'état de barbier dans une petite ville de la Bourgogne. Son

travail lui procurait à peine de quoi
élever ses deux enfans : il avait perdu
ma mère quelque tems après notre
naissance. Mon père n'ayant pas les
moyens, ni même assez d'occupation
pour avoir chez lui un garçon de
son état, était forcé de s'absenter
souvent afin d'aller coiffer ses prati-
ques du dehors et laissait mon frère
et moi des journées entières aban-
donnés à nos volontés.

Malgré la pauvreté de mon père,
il avait au milieu de cela l'espoir
qu'un jour ses enfans seraient fortunés, étant les seuls héritiers d'un
vieil oncle, du côté de ma mère;
vieillard avare et thésauriseur, qui
avait promis de nous laisser après lui
sa fortune. Cet oncle était l'être le
plus ours, le plus haineux du monde,

et gardait la rancune qu'il avait contre les gens avec autant de soin, de persévérance, que son argent; aussi, quoique notre mère fut sa sœur unique, il ne lui avait jamais pardonné son mariage avec mon père, voulant lui, gros marchand enrichi par le commerce, que sa sœur contractât une union selon sa fantaisie et non avec un homme contre lequel il conservait depuis l'enfance une rancune d'école.

Souvent mon père, dans notre intérêt et dans l'espoir qu'il viendrait à son secours en l'aidant à nous donner de l'éducation, avait cherché à se réconcilier avec lui, mais l'obstiné vieillard nourrissait dans son cœur un ressentiment. Froid, constant, immuable comme une pierre au fond

d'un puit, il rejeta toutes les avances
que mon père fit à ce sujet ; cependant dans la seule et unique lettre
qu'il adressa en réponse à toutes les
supplications de mon père, il pro-
mettait de ne pas nous oublier après
sa mort. Mon père, rassuré par cette
promesse, cessa toute démarche près
de ce haineux personnage.

Mon frère avait atteint sa onzième
année et moi ma neuvième ; nous
étions tous deux d'une gaieté inalté-
rable, d'une vivacité extrême, mais
aussi d'une ignorance complète ; nous
passions nos journées à courir les
champs avec les polissons de la ville,
à commettre toutes les niches que
pouvait inventer notre imagination ;
enfin nous étions parvenus à nous
faire détester par nos voisins qui ne

manquaient pas chaque soir, au retour de notre père, de venir se plaindre de nos tours.

Une réprimande adressée avec toute la bonté de son cœur était la seule punition de nos fredaines, aussi n'en tenions-nous aucun compte et recommencions-nous le lendemain. Heureux âge où nous vivions sans inquiétude, sans penser à l'avenir.

Bientôt nous devions perdre cette heureuse indifférence, cette douce tranquillité. Notre père tomba malade ; quelques jours avant sa mort, qu'il sentait s'approcher, il écrivit à notre oncle, lui peignit son état et l'abandon dans lequel il allait laisser ses chers enfans. Il mourut sans avoir eu la consolation de recevoir une ré-

ponse qui vint ravir l'inquiétude qu'il
éprouvait en mourant sur le sort qui
nous était réservé après lui.

Malgré la fougue de notre jeunesse, l'insouciance de notre âge,
cette perte nous causa une extrême
douleur; et ce fut avec peine que nos
voisins parvinrent à nous arracher
du lit où gissaient sans vie les restes
de notre père.

Le jour même de sa mort nous
avions été recueilli par une femme
charitable qui nous avaient conduit
chez elle sans calculer si son humanité n'allait pas lui occasionner
un trop lourd fardeau pour ses moyens en se chargeant de deux enfans
de notre âge, lorsqu'un grand homme sec, au regard sournois, vint

nous réclamer de la part de notre
oncle afin de nous conduire près de
lui, dans un vieux château qu'il habitait à dix lieues de Dijon.

Cet homme, arrivé dans notre
ville depuis plusieurs jours, guet-
tait, d'après l'ordre de son maître,
l'instant de la mort de notre père
pour réclamer mon frère et moi;
notre oncle lui avait recommandé
d'agir ainsi, ne voulant pas que son
beau-frère emportât dans la tombe
la consolation de savoir qu'il se char-
gerait de nous.

L'envoyé nous emmena de suite à
son auberge, malgré les cris que
nous occasionnait notre répugnance
à le suivre. Mais sa manière d'agir
nous prouva bientôt qu'il ne

nous tenait aucun compte de nos
difficultés.

Le lendemain nous ayant fait dé-
crasser et habiller à neuf, il nous fit
monter dans le carriole qni l'avait
amenée, et nous quittâmes pour
toujours notre ville natale, avant
même que les dépouilles de notre
père fussent rendus à la terre.

Nous voyagions en silence ; notre
conducteur ne nous adressait pas un
mot et n'ouvrait la bouche que pour
encourager de la voix la maigre ha-
ridelle qui traînait notre voiture : ce
malheureux cheval faisait peine à
voir, tant la peau lui collait aux os.
Sa maigreur excessive donnait, en le
voyant, nne preuve du vide énorme

qui devait souvent exister dans son
ratelier.

Il était midi. Nous étions à jeun et
voyagions depuis six heures du matin ; pour des estomacs comme celui
de mon frère et le mien habitués à
déjeûner aussitôt les yeux ouverts, il
était cruel de n'avoir encore rien
pris à cette heure ; la faim nous ta-
lonnait, nous n'osions parler tant
cet homme avec son air de rudesse
nous en imposait ; cependant, comme
on dit que la faim fait sortir le loup
du bois, Duroseau se risqua d'adresser la parole à notre silencieux conducteur en lui demandant si nous
avions encore beaucoup de chemin à
faire. Un oui, très sec, fut la seule
réponse qu'il obtint, mais comme
son appétit lui conseillait de ne pas

se rebuter, il lança un : nous avons faim, qui fit tourner la tête à notre homme.

— Vous avez faim; tenez, nous dit-il en nous donnant à chacun un morceau de pain et deux pommes, ménagez cela, car c'est tout ce que vous aurez d'ici à ce soir.

Ensuite se remettant sur son siége qu'il avait quitté pour fouiller dans les poches de la carriole, se mit à manger une pareille ration à la nôtre.

Notre faim à peu près apaisée nous permit de nous livrer au sommeil que le balancement de la voiture nous occasionnait et nous dormîmes si bien, que la route s'acheva sans que nous nous fussions réveillés.

Il était nuit à notre entrée dans le château de l'oncle. A peine descendus de la carriole, sans même nous donner le tems de nous reconnaître, le même homme qui nous amenait, nous fit monter dans une chambre dans laquelle il nous enferma sans lumière. Qu'on se figure le chagrin qui devait nous accabler en ce moment? Seuls, dans une vaste chambre éclairée faiblement par les rayons de la lune qui perçaient difficilement à travers les vîtres malpropres de la croisée. Effrayés du silence et de l'aspect lugubre de la maison dans laquelle nous arrivions, de plus, et par dessus tout, le souvenir récent de notre bon père, l'image de sa mort présent à notre pensée, l'abandon dans lequel nous nous trouvions, tout contribuait à

faire couler les larmes de nos yeux:
chacun assis dans un coin de la chambre, nous nous abandonnions à notre
douleur, lorsque la porte s'ouvrit et
que notre même homme parut, te-
nant une petite lampe dans une
main et un panier dans l'autre ; il
dressa en silence une petite table
qu'il couvrit de deux couverts, d'un
plat dans lequel était notre souper
ainsi que d'un pot remplit de piquette, puis ouvrant sa bouche énorme avec autant de peine qu'on en
mettrait à ouvrir une vieille porte
rouillée sur ses gonds :

— Soupez et couchez-vous, nous
dit-il en nous montrant deux lits pla-
cés au fond de la chambre, votre oncle est incommodé ce soir et ne vous
verra que demain.

Après ces paroles, ayant accroché
la lampe au-dessus de la cheminée,
il nous laissa seul à notre grand plaisir, car sa présence nous intimidait.
Nous nous rapprochâmes aussitôt l'un
près de l'autre, nous prenant les
mains ; notre triste abandon semblait
doubler notre amitié, une expression de plaisir partait de nos yeux en
nous regardant, et oubliant un instant nos peines, nous festoyâmes le
seul et unique plat de pommes de
terre que l'on abandonnait à notre
appétit, ainsi que l'aigre boisson que
contenait notre pot de grès.

Après notre souper, il nous plut
de passer en revue notre chambre à
coucher. Figurez-vous un plafond à
solives d'une hauteur excessive, tapis-
sé d'un millier de toiles d'araignées,

que depuis cent ans le plumeau avait respecté. Une fenêtre dont les bois et les vitres cassés devaient, en hiver, donner accès au brouillard et au froid ; de plus, le papier tombant en lambeaux tant l'humidité était grande dans ce triste et lugubre séjour. De vieux tableaux, quelques vieux fauteuils et deux lits gothiques formaient l'ameublement.

Lorsque nous eûmes examiné à notre aise, n'ayant rien de mieux à faire, nous nous mîmes au lit, et le sommeil consolateur vint fermer notre paupière jusqu'au lendemain.

— Levez-vous et venez saluer votre oncle, nous dit l'homme de la veille entrant le matin dans la chambre.

Nous obéîmes.

Après avoir traversé une infinité
de pièces du rez-de-chaussée presque toutes aussi élégantes et moder-
nes que la nôtre, nous fûmes intro-
duits dans un petit cabinet où l'on
nous fit saluer comme notre oncle,
un petit vieillard racorni, enfoncé
dans un vaste et gothique fauteuil de
tapisserie. Il nous toisa, de la tête
aux pieds, d'un air froid, et nous
demanda d'une voix grêle et sévère ce que nous savions. Les
yeux baissés, nous gardions le silence, lorsqu'impatienté de ne pas
obtenir de réponse, il répéta sa demande d'un ton colère.

Mon frère plus intimidé que moi
ne pouvait ouvrir la bouche, alors

me décidant à parler pour nous deux
je répondis : rien.

— Ni lire , ni écrire! reprit notre
oncle.

— Non, Monsieur.

Alors se retournant du côté de
l'homme silencieux :

— Georges, conduisez - les demain chez le maître d'école du village afin qu'il décrasse ces deux idiots;
il me rendra compte chaque semaine
de leurs progrès.

Là dessus M. Georges nous con-
duisit à la salle à manger, nous dis-
tribua pareille portion que celle
de la cariole, c'est-à-dire du pain et

des pommes, ensuite, nous prenant par les épaules et renouvelant
les recommandations de notre oncle,
nous poussa hors de la maison. Nous
voyant libres de nous, nous fîmes
de suite par curiosité le tour du
château ruiné, sans rencontrer une
seule figure humaine excepté à la
grille d'entrée où nous apperçumes
une vieille femme, qui servait de
concierge, occupée à distribuer la
nourriture à cinq ou six gros dogues
que notre oncle nourrissait à regret,
pour la sûreté de sa maison. Ces
animaux aussi maigres que leur maître nous voyant approcher et crai-
gnant sans doute que nous n'antici-
pation sur leur faible pitance ,
commencèrent, en nous regardant
de travers , à nous montrer les
dents, ce prélude d'entrée en con-

naissance ne vous fit pas l'effet d'être fort grâcieux , ni même prudent, nous tournâmes nos pas vers un autre côté.

Le parc qui entourait le château avait un aspect sauvage : partout les arbres croissaient en désordre étant depuis longues années respecté par la serpe; les pièces d'eau étaient croupies, les gazons étouffés par les mauvaises herbes, les bancs , les abrits en ruines ou renversés sur la terre; le gibier, dans cette vaste solitude , était si peu inquiété qu'on voyait les lièvres, les lapins, les faisans , se promener et se jouer dans le gazon des pelouses inégales et des avenues pleines de mauvaises herbes.

Il faisait un tems superbe, nous

nous amusâmes à parcourir le parc comme deux chevaux échappés , jetant des pierres et poursuivant à coup de bâton le gibier surpris de voir pour la première fois des figures humaines envahir leur paisible domaine.

La faim nous ramena au château : c'était le moment de dîner, nous fûmes admis à la table plus que frugale de notre oncle. Notre repas fut triste, notre oncle n'ouvrait pas la bouche , et montrait du doigt à Georges ce qu'il avait besoin, le dîner se composait en l'honneur de notre bien venue, d'un énorme plat de chou mêlé de pommes de terre ainsi que d'autres légumes, pour boisson encore l'aigre piquette, et pour dessert, l'ordre de nous retirer

où bon nous semblerait jusqu'à l'heure
de notre coucher.

Si vous voulez ma chère amie, avoir
une idée de la mise de mon oncle,
et de la tenue de sa maison, la voici : figurez - vous un petit vieillard
avec une perruque usée qui semblait
faite avec du poil de vache, un long
habit rapiécé du haut en bas faisant des poches autour de ses bras,
une vieille culotte dont il était impossible de reconnaître ni la qua-
lité de l'étoffe ni la prémitive cou-
leur, toute les taches l'avaient ondée ;
voilà la toilette qu'il portait d'un
bout de l'année à l'autre, quand à
Georges, la sienne pouvait se com-
parer à celle de son maître, à ça
près d'une blouse de toile bleue avec
laquelle ses jours de sortie, il ca-

chait le délabrement de sa triste et
misérable livrée ; cet homme au
cœur de fer, au regard de chat-huant
était ainsi que la concierge , les seuls
serviteurs de la maison , et la seule
compagne que nous eussions au château.

Tous les appartemens , les salles ,
les écuries, tombaient en ruines , et
jamais de feu ni hiver ni été pour
corriger l'humidité qui ruinait tout
du haut en bas, enfin , tout respi-
rait et se ressentait de l'avarice ou-
trée du propriétaire , qui aurait préféré voir sa maison s'écrouler que
de sortir de son coffre-fort, de quoi
faire la plus petite réparation.

Jusqu'ici nous avions été traité
avec assez de douceur , mais le

lendemain, Georges nous conduisant
à l'école du vilage voisin, Duroseau
s'avisa de ramasser une pierre et de
la lancer après une oie qui se pro-
menaît dans un champ voisin, lorsque Georges lui appliqua un soufflet
qui renversa le pauvre enfant ; ce
rude traitement fait à mon frère, me
mit en pleurs, mais Georges y mit
fin aussitôt, en me menaçant de
m'en donner autant si je ne cessais
mes lamentations.

Nous fûmes recommandés au maître de l'école, auquel notre indigne
conducteur accorda tout pouvoir sur
nous. Les premiers jours se passè-
rent assez bien, mais lorsque le ba-
lais neuf fut usé, mon frère et moï
devinrent le but, où notre brutale
instituteur en frappant à outrance,

assouvissait sa mauvaise humeur.
Cependant en quelque mois soit par
crainte ou par disposition, nous
avions fait de rapides progrès, desquels on ne nous tenait aucun compte, car après avoir été battu à l'é-
cole, la moindre vétille ne nous en
attirait pas autant au château de la
part de Georges. Un jour mon frère
voulut se plaindre à mon oncle, de
la méchanceté de son domestique, et
loin d'être écouté, ce rapport lui valut
d'après l'ordre du maître, une seconde correction du valet.

Les années s'écoulaient. Depuis
trois ans nous étions chez notre oncle, en but à mille privations, man-
geant à peu près notre suffisance,
battus, grondés, chaque jour, aussi
étions-nous de véritable sournois,

nous vengeant des mauvais traite-
mens que l'on nous faisaient endurer
par cent tours plus malicieux les uns
que les autres, et desqu'elle nous
étions souvent les dupes.

Nous allions tous les dimanches à
la messe de l'église du village, tantôt avec Georges, tantôt seule, un
jour que Georges à cause d'une en-
torse n'avait pu nous y accompagner,
nous y étions allés tous deux; depuis
long-tems Duroseau s'était pris d'a-
mour pour une petite vachère, quoi
qu'il ne lui eut jamais parlé, il s'é-
tait avisé d'écrire à cette belle, une
lettre bien tendre dans laquelle il
peignait son brûlant amour. Mon
frère profita du moment où Georges
n'étais pas avec nous, pour au sortir de l'église, glisser le billet dans

la main calleuse de sa dulcinée ; la grosse fille surprise de cette action, regarda Duroseau qui se trouvait dans la foule, puis après avoir tourné et retourné la lettre dans sa main, prit le chemin qui conduisait chez le maître d'école afin de prier ce dernier de lui lire le contenu de l'épître amoureuse.

Quelle ne fut pas la surprise du pédant en découvrant l'amour de son élève; il s'empressa de congédier la vachère et courut au château avec toute la vitesse que procure au méchant le plaisir d'une mauvaise action, et vint remettre à notre oncle, la lettre de Duroseau, en lui conseillant d'arrêter par une forte correction, la galanterie amoureuse et précoce de son neveu. Hélas ! il ne fut que trop approuvé , et mon pauvre frère reçu le même jour une punition barbare , encore administrée par le boureau de domestique ; ainsi se termina le premier sentiment , la première inclination de mon cher Duroseau.

Quelque tems après cette aventure, lassés de toujours avoir le parc pour promenade , nous nous avisâmes de faire une brêche dans un endroit caché de la muraille , et de sortir du lieu afin de parcourir la campagne à notre aise. Nous étions un soir, après dîner, sortis par notre trou et en train de courir sur la grand route, à une demi-lieue loin du château , lorsque nous vîmes passer devant nous des marchands forains et des hommes conduisant une ménagerie d'animaux à une foire

qui se tenait ce jour-là et les sui-
vans aux portes d'une petite ville à
deux lieues du château. Hélas! combien il eut été doux pour nous de
pouvoir nous y rendre? que de
curiosité que de choses nouvelles,
combien nous étions âpres de ce plaisir ; comment faire ? Nous avions le
tems? oui, il n'était que quatre
heures, les jours étaient au plus
long, nous espérions être de retour avant que l'on s'apperçut de
notre escapade, d'ailleurs, nous ne
voulions voir qu'un instant et nous
sauver de suite.

Duroseau entame la conversation
avec les conducteurs et se met si
bien avec eux, qu'il obtint la permission pour lui et pour moi de
monter sur une voiture. Nous arri-

vons. Dieu ! quel' spectacle ! quel
ivressse ! Là , c'est un théâtre de
marionnettes ; ici nn singe dansant
sur la corde ; plus loin un théâtre
d'acteurs véritables , annonçant au
son des fanfares , une brillante représentation qui va commencer à
l'instant. Quel malheur ! nous ne la
verrons pas, les prix sont pourtant
bien modiques , mais grâce à notre
oncle , depuis que nous sommes
avec lui nous avons oublié qu'il
existe même des centimes. Nous
nous éloignons de la tentation , et
nous perdant dans la foule des marchands de toutes espèces, dévorant
des yeux les pains d'épices, les jouets,
les bijonx étalés de tous côtés , nous
revenons admirer la gentillesse du
singe , de polichinelle, nous jouis-
sons; rions, auxéclats, enfin nous ou-

blions que depuis long-tems il est
nuit. Duroseau demande l'heure ;
minuit, lui répond-on, grand Dieu!
une sueur froide coule de notre
front, le tremblement s'empare de
nos membres, déjà nous voyons le
fouet de l'odieux Georges se lever
sur nous et le sentons retomber avec
force sur nos épaules. Minuit! que
devenir? et près de deux lieues à
faire ; nous sommes perdus ; les
larmes inondent notre visage, la
faim se fait sentir dans notre esto-
mac allégé par l'exercice de la marche, et pas une obole dans nos
poches.

Après nous être bien lamenté,
sans chercher un remède à notre
position, nous allâmes nous asseoir
derrière le théâtre ambulant. La frai-

cheur de la nuit commençait à nous
faire grelotter, Duroseau me couvrit avec le trop de la toile qui fer-
mait le théâtre; puis, se plaçant près
de moi, nous oubliâmes nos peines
dans le sommeil.

Le lendemain au point du jour
nous nous sentions poussé par quelque chose qui nous réveille. Aussitôt, je lève la toile qui nous cou-
vrait et nous nous voyons entourés de
la troupe des comédiens dont notre
aspect et notre position excite les
rires bruyans. Un des acteurs qui
paraissaient le chef de tous, nous
questionne, sur ce que nous sommes, et faisons ainsi à cette heure
couchés au bel air.

Duroseau lui fabrique aussitôt une

belle histoire, lui dit que nous
sommes deux orphelins forcés de
demander notre pain pour exister ;
que nous sommes sans parens , sans
amis , seuls au monde ; enfin , mon
frère joua si bien la comédie, en ce
moment, qu'il trompa les comédiens
eux-mêmes , et fit tant , que le directeur du théâtre nous trouvant à
son goût , nous offrit d'entrer pour
notre pain , dans sa troupe , nous
ne nous sentîmes pas de joie en re-
cevant cet offre et acceptâmes aussitôt.

Nous voilà comédiens ambulans et
conduits dans l'intérieur du théâtre ;
on nous sert à manger les restes d'un
pâté qui venait de soutenir, un instant avant, l'assaut de toute la compagnie , mais duquel il restait encore

suffisamment pour nous rassasier. Après avoir bu et mangé, on procéda à l'interrogatoire afin de connaître à quoi nous serions utiles ; le tyran de la troupe trouva que mon frère, par sa taille courte et arrondie, avait un excellent physique pour jouer les bouffons comme doublure, parce que la troupe avait un chef d'emploi dans ce genre. Il fut approuvé et Duroseau reçu à l'unanimité.

Quant à moi que l'on trouvait, en ce moment, jolie et délicate, il fut convenu que l'on m'apprendrait à danser et qu'en attendant que j'eusse ce talent, je remplirais les rôles d'ingénues et d'innocentes dans les pièces du répertoire.

C'en est fait, nous voici un état,
un rang dans le monde; et quel
monde, mon Dieu! mais nous étions
jeunes, innocens, le bonheur de nous
affranchir de la tyrannie d'un oncle
grondeur et avare, d'un bourreau tel
que son valet, et d'être désormais
libres et maîtres de nos actions, de
vivre avec des gens qui nous sem-
blaient si gais, si joyeux, était pour
nous une aubaine précieuse, un bonheur inexprimable.

Le même jour nous commençâmes
nos fonctions. Je ne servis qu'à aug-
menter, ce soir-là, les groupes
que l'on formaient dans un espèce
de ballet ajouté à un mélodrame tra-
gi-comique que l'on représenta.

Quant à mon frère, il fut placé

sur des trétaux au dehors de la cabane, afin que par ses sauts, ses gambades il attira l'attention des promeneurs. Il était à cet effet, déguisé d'une manière bizarre et la figure couverte d'un masque comique. Enfin, il s'acquitta si bien de son rôle qu'il fut félicité de tous ses camarades après le spectacle.

Il serait difficile de croire combien nous étions heureux de notre changement de condition. Peut-être dira-t-on que nous annoncions de basses inclinations ; mais non, nous ne fûmes pas séduits par l'amour de la mauvaise société, mais par ce besoin de liberté, d'indépendance et le bonheur de fuir nos bourreaux.

Nous faisions partie de la troupe

depuis deux mois ; nous avions parcouru divers bourgs et villes du département, tantôt dans l'abondance,
tantôt dans la gêne et bornant notre
appétit et nos aisances à la hauteur
des recettes que nous faisions, quelquefois bonnes, et souvent médio-
cres : applaudis dans un endroit, sif-
flés dans un autre, tout cela n'alté-
rait ni notre gaieté, ni notre bonheur ; nous étions aimés de nos camarades qui s'empressaient à m'instruire dans l'art de la danse, espérant
beaucoup en moi pour remplir le
vide de la caisse.

Duroseau, par la mort du comique ainsi que par son travail, était
premier chef d'emploi et l'oracle de
la compagnie ; enfin par notre apti-
tude, notre zèle, nous étions deve-

nus néeessaires à la troupe et avions
toujours su éviter de nous trouver
compromis dans les tracasseries et
querelles qui s'élevaient sans cesse
entre nos camarades.

Un soir que nous donnions une
brillante représentation à Dijon, avec
la permission de M. le maire, que
mon frère et moi remplissions les
principaux rôles. Moi celui de la
princesse de Trébisonde, et Duroseau celui d'un pacha à trois queues.
Au lever du rideau nous étions en
scène tous deux..... Qu'aperçois-je
placé au premier rang de l'orchestre?
qui? l'infâme Georges, lequel nous
reconnaissant se lève furieux et se
dispose à franchir l'espace qui le sé-
pare de nous. J'avertis de suite mon
frère en lui coupant la parole au beau

milieu d'une tirade , il m'entend, perd la tête, et se sauve aussitôt dans les coulisses. Je le suis, nous sortons du théâtre , enfilons les rues les plus désertes et gagnons les champs avec nos costumes de clinquant, laissant le public crier et s'entendre avec notre directeur.

En effet le bruit fut grand; le public furieux de notre escapade nous redemandait à grands cris , le directeur ne concevant rien à notre disparution , nous cherchait et nous appelait en tous lieux, pas de comique, plus que de princesse, le tumulte dans la salle était à son comble , lorsque notre directeur se décidant à paraître afin d'instruire le public de notre disparution , se jette le nez dans un grand et maigre personnage qui

s'avançait vers la coulisse, après avoir
escaladé la scène. C'était Georges lequel prenant le directeur à la gorge,
menace de l'étrangler s'il ne lui rend
à l'instant le neveu et la nièce de son
maître ; le directeur sans écouter
cette demande et cherchant à se dé-
gager du furieux qui lui serre le gosier,
fait un effort, renverse Georges et
roule avec lui sur le théâtre, à la
grande satisfaction du public lequel
s'empresse d'applaudir aux violens
coups de poing que les deux cham-
pions se distribuent en sa présence.

On baissa la toile, acteurs et em-
ployés s'empressèrent de séparer les
combattans ; le public fut congédié
moyennant qu'on rendit l'argent qu'il
avait donné à la porte. Le calme ré-
tabli, on procéda aux explications,

Georges renouvela sa demande, personne ne le comprit ou ne voulut le comprendre. Georges menaça de porter plainte de ce que l'on avait débauché deux enfants de famille pour en faire des saltymbanques. Ce mot choqua la troupe, les coups recommencèrent mais cette fois, ils ne tombèrent que sur le dos du réclamant, lequel après avoir été moulu de coups fut jeté à la porte.

Pendant ce remu-ménage duquel nous n'étions pas sans nous douter, nous courions la nuit à travers champs, en souliers brodés, en costumes asiatiques, et fort embarrassés de savoir que devenir. Lassés de marcher, nous nous assîmes sur un tertre de gazon au bord de la route, notre cœur battait avec violence, non de l'exercice que nous venions de prendre, mais de l'effroi que venait de nous causer l'apparition de l'infâme Georges; après avoir repris un peu nos sens, nous causâmes sur ce que nous allions devenir et commentaver tir la troupe du sujet de notre fuite ainsi que de l'endroit où nous étions.

Je conseillai à mon frère de rentrer en ville de nous réfugier dans une des maisons du faubourg et par l'appât d'une récompense, d'engager quelqu'un à porter au directeur une lettre que nous lui écririons, l'avis fut adopté. Justement, la première maison à laquelle nous nous adressâmes était habité par de pauvres gens lesquels sans doute n'avoient jamais eu l'idée d'un théâtre ni d'un comédien, car jugeant de nous

d'après nos riches costumes, ils nous
prirent pour un prince et une princesse du bon aloi, et nous firent entrer chez eux en nous accablant de
salutation et de respect.

Les noms de monseigneur, de
madame la princesse ne furent
pas épargnés. L'homme et la femme
nous avait offert des chaises ; placé
debout devant nous, ils écoutaient
en silence le conte que leur fagotait
Duroseau sur notre prétendue aven-
tures et termina, en promettant une
récompense à celui qui voudrait porter une lettre M. Guérin, directeur de
la troupe des comédiens qui exploi-
taient la ville en ce moment ajoutant
que, voulant donner une fête dans
son palais, il souhaitait entretenir
cet homme à ce sujet. Notre hôte

s'offrit desuite à remplir le message,
et partit avec la lettre que venait
d'écrire mon frère.

La femme restée seule avec nous,
nous offrit des rafraîchissemens , en
s'excusant de n'avoir que du vin de
l'année à nous servir.

— Donnez toujours, brave dame,
lui répondit Duroseau , j'aime à
vous voir exercer aussi noblement
les devoirs de l'hospitalité ; j'accep-
terai même quelque chose à manger
pour moi et ma noble sœur, car depuis ce matin que nous avons perdu notre suite en poursuivant ce
maudit cerf dans les bois, nous n'a-
vons pris ancune nourriture, et
comme j'espère que nous ferons plus
ample connaissance, je me promets

de vous inviter ainsi que votre époux,
à venir passer quelque tems dans
mon château.

La bonne femme nous remercia
de notre invitation par une foule de
révérences , nous offrit d'attendre
encore un peu , si nous voulions accepter son **souper**, qu'un ami de
campagne allait **venir le** partager avec
eux et qu'il serait honoré de se trouver en notre compagnie , qu'ensuite
si nous voulions passer la nuit chez
eux , qu'il nous céderaient leur lit
avec plaisir.

FIN DU PREMIER VOLUME.

IMPRIMERIE DE A. BARBIER.
rue des Marais-Saint-Germain, n. 17.

.

www.ingramcontent.com/pod-product-compliance
Lightning Source LLC
Chambersburg PA
CBHW060026100426
42740CB00010B/1608